Seadove

Seadove

Seadove

Seadove

男人的一生在此決定貧窮或是富有！
男人20歲無知，就會在30歲無能，40歲無財，50歲無助！

20幾歲，決定男人的一生

窮人與富人的距離0.05mm

富人俱樂部招考辦公室

窮人脫胎換骨發展委員會

年度暢銷作家**張禮文**／著

男人在20幾歲心裡有數，才會在30歲以後腳下有路；
男人在20幾歲主宰自己，才會在30歲以後決定人生。

失敗是什麼？沒有什麼，只是更接近成功一步。
成功是什麼？就是走過所有失敗的路，只剩下最後一條路，那就是成功！

20幾歲的男人，請你問自己：
你還有時間嗎？

暢銷經典版

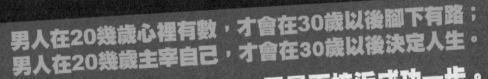

前言：讓責任把自己變得更像男人

在一次的旅行當中，有一艘客船遇到了海難，船上大多數人都不幸罹難了，只有船長帶著一個蠻橫的男人和六個女人幸運的擠上救生艇，在漫無邊際的大海上漂蕩，他們還有渺茫的希望，期待可以獲救。

由於是匆忙逃生，經過八天的漂流，救生艇上只剩下少量的食物和半瓶水，這些少得可憐的食物和水，是八個人賴以維生的東西。船長為了讓所有人都能獲救，只有在饑餓和乾渴威脅到生命的時候，才會給他們一點點的食物和水。

漫長的等待、饑餓和乾渴的襲擊，讓救生艇上除了理智的船長以外，其他人都快發瘋了。他們盯著船長手裡的食物和半瓶水。他們知道，誰吃了食物，喝了水，誰就有活下去的希望，誰就能撐到最後。

船長為了保證每個人都能獲救，不得不掏出隨身攜帶的手槍，嚴重警告艇上所有的人，誰也不能打食物和水的主意，否則就會開槍打死他。

六個女人都閉著眼睛，只有那個高大蠻橫的男人緊緊的盯著船長，準備趁船長不注意的時候，把槍搶過來，然後打死艇上所有的人，把食物和水據為己有。可以看出來，他求生的欲望比任何人都強，他的忍耐力比任何人都弱。

當船長暈眩的一剎那，那個男人猛然撲上去，拿起水就要喝。隨時保持警惕的船長突然醒了，用槍抵著他的頭，命令他：「放下，否則我開槍了！你這個自私的傢伙！」

看著船長仇恨的眼神，蠻橫的男人只好把水放下。船長的槍口一直對準那個男人，蠻橫男人的眼睛也緊盯著食物和水，雙方就這樣對峙著。

後來，由於船長年紀大了，他知道自己實在無法撐下去，就在臨死前，他對那個男人說：「我死後，你就是這個艇上唯一的男人，你要帶領她們，讓她們獲救。」船長把食物和水交到那個蠻橫的男人手裡以後，就安詳的死去。

善良的老船長死了，艇上的女人都絕望了。她們認為，那個蠻橫自私的男人一定會把食物和水佔為己有，然後把她們都打死，自己去逃生。

讓女人感到奇怪的是，那個男人在接過槍、水和食物的時候，似乎變了一個人，他沒有立刻把食物和水吃掉、喝掉，而是小心翼翼的保護著。

船長死後的三天裡，那個看上去非常野蠻的男人認真的對待食物和水，每隔兩小時，他在每個女人的嘴裡滴兩滴水，放一點食物，自己卻不多喝一滴水，多吃一點食物。

第四天傍晚的時候，有一艘船發現了他們，那個男人居然還剩下一點點的水和食物。

獲救的女人忍不住問那個曾經讓她們非常討厭的男人：「船長死後，你可以把食物和水佔為己有，為什麼你改變了主意？」

那個男人回答：「道理很簡單，他死後，我是那艘小艇上唯一的男人，這是上帝要我扮演的角色。我以前在很多時候是蠻橫和自私的，但是當我發現必須要扮演的角色時，也就發現了必須那樣做的責任。我非常感謝這個角色，它讓我在那一刻，完成從自私到無私、從渺小到偉大、從放縱到自律的蛻變。」

現在的社會，讓年輕人一直在保護中長大，責任是他們最容易遺忘的一個名詞，也是他們最討厭的一個名詞。遺忘也好，討厭也罷，是你的責任依然是你的責任，只要你無法擺脫這個社會，作為男人，要麼承擔起自己應該承擔的責任，要麼就必須為自己不負責任付出加倍的代價。

責任不是累贅，責任也不會讓我們失去自由和快樂。如果我們對父母和孩子負責，我們就會成為最想賺錢的人；如果我們為公司負責，我們就會成為公司的骨幹；如果我們為社會負責，我們就會名利雙收。總之，只有責任才可以為我們帶來榮譽、財富和地位。

不要說命運錯待自己，而是你先錯待自己的責任。

二十幾歲的男人會說：「我不是不想負責，而是沒有負責的能力，也缺少負責的機會。」這都是藉口，你可以沒有能力，沒有機會，但是你一定有一個角色——兒子、父親、員工，甚至是主管的角色。社會角色從你生下來的那一刻起，就等待你的完美扮演，這個與你承認與否無關。

想要獲得榮譽、財富和地位，首先要準備好用「責任」這個材料做的箱子裝它們。

目錄

第二章：我們的資源和優勢是什麼？

一個個無形的圈子，把社會這鍋肉分成許多碗。我們想要吃肉，就要捧起有肉的那個碗。

第三章：我們拿這十年做什麼？

在二十歲的時候，會覺得這十年很漫長；在三十歲的時候，才知道這十年是彈指一瞬間。

第四章：我們要完成哪些「內在」的更新？

一個人的財富多少、社會地位高低，產生決定作用的還是人的內在。

第五章：我們今天做什麼

二十歲生日的時候，以後所有的日子都是明天；三十歲生日的時候，以前所有的日子都是昨天。

第六章：我們要掌控什麼？

二十到三十歲的人生之舟，最容易偏離正確的航道。不是因為風大浪急，而是航道太多。

第一章：我們憑什麼三十而立？

三十而立，我們真的能立得起來嗎？別說三十歲成大功、立大業，就算在一個自己喜歡的城市裡，有一座屬於自己的房子，開一部喜歡已久的車子，銀行裡有一筆可觀的存款，與心愛的妻子在一起生活，這些生活的基本願望可以實現嗎？

可以實現，靠什麼？憑什麼？靠的是我們想得清楚，憑的是我們做得明白！

二十到三十歲，如果我們沒有宏偉的目標，賺錢就是我們唯一的目標！

三十歲，賺錢難，賺不到錢會更難！

這個第一是我的

得不到第一的人，不是英雄；不想得到第一的人，永遠無法成為英雄！

——張禮文

比爾身上帶著五十美元，去從來沒有去過的紐約發展，好友桑切斯勸他不要去，因為比爾在學校學的是體育，練的是中長跑，但是他連在加州田徑運動會上都沒拿到過好名次。在紐約那座城市裡，他沒有一個熟悉的人，甚至連紐約在什麼地方都不知道。

比爾沒有聽好友的勸告，依然去了紐約。三年後，比爾成為一家知名體育用品公司的業務經理，做得還不錯，年薪已經到了五十萬美元，並且在那個寸土寸金的地方，有了屬於自己的房子。

有一次，比爾回到家鄉，見到還在當地中學當體育教師的桑切斯。桑切斯的生活和三年前幾乎沒有什麼變化，只不過身邊多了一個女兒。

桑切斯見到自己的好友，很驚訝。他記憶中那個曾經粗野、蠻橫的比爾，此時已經是一個舉止儒雅、談吐得體的紳士；五十萬美元的年薪，儘管在美國不算是太有錢，但是已經足夠讓他羨慕。

桑切斯問比爾，在短短的三年之中，一無所有的他，靠什麼在富人的天堂、窮人的地獄的紐約站穩腳步，並且取得這樣的成就。

比爾淡然的說：「當然得益於我曾經練過中長跑啊！」

「得益於你練過中長跑？上帝啊，我沒聽錯吧？你練中長跑，那是上帝與你開的玩笑！你練那麼多年的中長跑，卻連加州比賽的前六名都沒有得到，到紐約你還可以靠你掌握的中長跑技術教參加奧運的運動員嗎？你現在做的是體育用品的業務，和中長跑沒有任何關係吧？」

比爾說：「朋友，你說的一點都沒錯！我所學的中長跑，在紐約並沒有為我帶來實質性的幫助。**不過，在我練習中長跑的過程中，無數次的訓練和比賽，讓我養成了只要是競爭，就要有一個信念：『這個第一是我的！』**正是這個信念，使得對體育用品一無所知的我，能從公司無底薪的業務員做起，花了三年的時間，就做到公司的業務經理。我想，

『這個第一是我的』，將是我終生堅守的信條。」

桑切斯聽比爾這麼說，明白了，繼續問：「你已經是公司的年度銷售冠軍嗎？」

比爾聳聳肩的說：「不，比我參加加州田徑比賽的名次稍微好一點，我拿到公司銷售成績的第六名。」

桑切斯笑著說：「朋友，你連第三名都沒拿過，你的『這個第一是我的』，有一點不切實際吧？」

比爾說：「**想要感受生活只能向前看，想要理解生活只能向後看。**不論是感受生活還是理解生活，『這個第一是我的』都是我對生活的感受和理解。假如我沒有心懷『這個第一是我的』這個信念，我就不會從三十名無底薪的試用業務員中脫穎而出，成為公司正式聘用的三名員工之一，更不會從二十名正式業務員中脫穎而出，成為一名業務經理。儘管我目前的銷售成績只是公司的第六名，也許我永遠做不了銷售冠軍，但是只要我有『這個第一是我的』這個信念，我很可能取得第三名。你知道我們公司銷售成績第三名的年薪是多少嗎？一百二十萬！」

這僅僅是一個故事，但是**作為二十幾歲的男人，應該問問自己，在我們短暫的人生跑道上，是否產生過這樣的信念：「這個第一是我的！」**

人生就是一次長跑，年齡在二十幾歲的男人，無論願意不願意，都會被生活推到起跑線上，必須參加這一場既殘酷又漫長的比賽。這場比賽的名次，決定了我們在社會上的地位的高低、身份的貴賤、財富的多少。

並且，這不是一場絕對公平的競賽，有的只是相對公平！

因為參加這場長跑比賽的人，只是年齡差不多而已，但是每個人的身體素質不一樣，訓練的條件和方法不一樣，教練的水準也不一樣，最關鍵的是，這是一場沒有監督、沒有裁判的比賽，在賽跑的過程中，有些人會吃興奮劑，有些人會投機取巧，甚至還會有很多人搭上各種順風車向終點開去。

這場比賽的結果，只有數字代表的名次，沒有最快，只能更快。比賽所得的獎金，是不能用數字形容的財富，但不是所有參賽的人都能夠得到。

一個人能否率先到達終點，取決於他的先天體質和後天的訓練，還有比賽過程中的其他因素。

先天體質好、意志強、肌肉類型適合長跑，跑得就會快一些，拿到的名次就會好一點；後天經過訓練、經過名師指點、比賽經驗豐富，也可以拿到好的名次。

可是這兩項或許我們都不具備：天生體弱多病、沒有運動天份、身材不高、耐力不強、意志薄弱，從任何一個條件來說，都不適合長跑。但是，生活這一場比馬拉松還要漫長的長跑比賽，我們只能參加，別無選擇。這一方向，從我們出生的那一刻開始，就已經註定。

既然這場比賽必須要參加，我們就只能盡力向前跑，不要說誰比賽前吃了興奮劑，也不要說誰半路坐上順風車，因為這本來就不是一場完全公平的比賽。

我們就是我們，周圍的環境如何，比賽前的訓練如何，教練水準如何，都不是我們的一己之力可以改變的。我們既然別無選擇的參加這次比賽，就要盡可能的拿到好名次，得到更多的獎金，讓自己和家人，生活得好一點，再好一點。

在比賽開始的時候，我們應該告訴自己，「這個第一是我的」，我們就是為了爭取第一名來參加比賽。不論前面已經有多少人，不論後面還有多少人，我們只能盡力的向前，向前，再向前。

相信「這個第一是我的」，就會讓自己努力的跑好每一步，努力的完成每一個動作，讓自己跑得不但有速度，而且有風度。把超越離自己最近的對手當作目標，目標永遠存在，我們就可以一直的超越；超越所有目標的時候，我們就會成為第一。

二十幾歲的男人，已經站在社會競爭這場長跑的起跑線上，向前跑是唯一的選擇。具

體的說，我們的長跑就是日常的工作，跑道就是我們的公司。也許我們一開始就處於公司的最底層，但是沒關係，做好每一件自己應該做的工作，哪怕是回報再少的工作，也要力求做到盡善盡美。理由只有一個：「這個第一是我的」。

老闆永遠欣賞即使能力不強但是可以想盡辦法爭取第一的人，而不喜歡即使能力強但是對輸贏無所謂的員工。「這個第一是我的」會讓我們以高標準要求自己、主動學習、承擔責任、克服困難……不斷的超越別人，超越自己。

事實上，能不能拿到第一，並不重要，重要的是我們能不斷的超越。二十幾歲的時候，只要不斷的超越，就是不斷的改變自己的人生。

一定要存錢

只有地主家，才會有過夜的餘糧。

——張禮文

二十幾歲的男人，一定要存錢，這是作為一個男人必須要做的事。不存錢的理由可以列出許多個，但都是商人為了賺取年輕人的錢，而給年輕人製造的誤導。

聰明人為了把一般人口袋裡的錢拿出來放進自己的口袋，就必須為一般人製造一些消費的概念。為什麼一定要為一般人製造消費的概念呢？因為一般人多而聰明人少，聰明人不會輕易被一些概念所影響，他們知道自己應該把錢花在什麼地方，一般人卻只會跟著概念跑，毫無理智的把錢花在這些概念上，然後再拚命的賺錢。

聰明人就是在花錢和賺錢的過程中，使自己變得更有錢。這就是一般人越來越沒有錢，聰明人越來越有錢的原因之一。

聰明人會為一般人製造什麼概念呢？

時尚

時尚，簡單的說就是當時的風尚。每個人，特別是二十幾歲的年輕人，都不希望自己是一個落後於時代發展、跟不上時代潮流的人。時尚主要表現在一段時間內，社會上的價值取向，例如房子越大越好，汽車越大越好，手機功能越多越好，電腦容量越大越好，穿著越是名牌越好，車牌、電話號碼的數字越吉利越好，婚禮越隆重越豪華越好……

流行

流行，也是一個讓年輕人消費的陷阱。分析從前許多流行的東西，似乎都是有錢人製造的概念。因為年輕人都有從眾的心理，如果別人都做某一件事，自己卻不跟著做，很容易被同學、朋友恥笑，自己只好盲目的跟進。例如染髮、衣服的款式、哈日、買某個明星的唱片、貸款買車、信用卡消費……

低級享樂

低級享樂，是人性的最大弱點，卻對年輕人有極大的誘惑。例如唱KTV、上網咖……為了讓一般人不抓著自己的口袋，聰明人便製造很多及時享樂的理由。例如：今朝有酒今朝醉；人生苦短，生死無常……那些聰明人，恨不得每一天都是一般人的末日，讓一般人像失去理智一樣，瘋狂的消費自己的血汗錢。

房地產商人為了迅速把自己的房子賣出去，製造了一個故事：

一個美國老太太和一個台灣老太太同時上了天堂。美國老太太輕鬆的說：「我用了四十年的時間，終於還清房子的貸款。」台灣老太太愁眉哭臉的說：「我存了四十年的錢，終於買了房子，可是我一天也沒有享受到。」

就是這則故事，讓一般人意識到自己生得渺小，活得委屈。於是，提前消費、透支消費佔據一般人的心理，拿別人的錢提高自己的生活品質，拿別人的錢充實自己的生命，就有了貸款買房子，買汽車，甚至是買高級傢俱和電器……

社會上的每個人，似乎都活在別人的目光裡，都活在別人的評論中。很多剛進入社會的年輕人，二十幾歲，工作不穩定，存款很少，卻一下子也買了房子，開了車，同時也變成「負翁」、「月光族」。

人生不就是食衣住行四件事嗎？沒錯。上至達官顯貴，下到平民百姓，不都是為了這四件事不停的奔波嗎？沒錯。名車、豪宅、美妻不是每一個男人的追求嗎？沒錯！生命很脆弱，死亡不可預期，多享受一天是一天，不對嗎？更沒錯！

既然都沒錯，這樣做有什麼不好呢？我們為什麼要放著別人的錢不花而壓抑自己的欲望，過著苦行僧般的生活呢？

這個故事的欺騙性在於：欺負一般人沒有投資理財的觀念。假如台灣老太太存到十萬的時候，開了一家小店，或是投資股票和基金，說不定一、兩年內就可以把十萬變成一百萬，再把一百萬變成一千萬。

一般人的悲哀，就是在於除了知道出賣腦力、體力賺錢以外，不知道還有其他的賺錢方式。

聰明人與一般人有很多差別，其中一個差別就是：**聰明人讓錢變成他們的奴隸，一般人卻變成錢的奴隸。**

假設一對二十幾歲的年輕夫婦，剛剛進入社會，每個人每個月只有三萬元的薪水。在沒有任何存款的情況下，靠著父母、朋友的幫助，付了頭期款二百萬、貸款三百萬，買了一間五百萬的房子，其中裝潢，買家電、傢俱又花了二十萬元。

貸款期限二十年，每個月要還二萬多元的貸款。想想看，這對年輕夫婦住進五百萬的房子以後，將過著什麼樣的生活呢？

兩個人每個月的收入為六萬元，扣掉還房子的貸款還剩三萬多元。三萬多元還要繳兩個人的交通費、電話費、伙食費、保險費、治裝費、醫藥費、交際費、水電費……必要和不必要的開銷，可以說，扣掉這些費用，所剩無幾。

那麼，兩個人在未來的二十年裡，間接的損失又在哪裡呢？

■只要兩個人的工作穩定，公司還可以正常發薪水，就不敢去嘗試換一個更有前途的工作，對他們來說，穩定高於一切。**一個人的身價，只有在一家公司辭職之後，才可以在另一家公司得以表現。**任何一個老闆，都不會給一個沒有跳槽膽量的人無止盡的加薪。

■兩個人都沒有多餘的金錢和精力，投資到對自己的知識更新、能力培養上。職業培訓需要經費、時間和精力。他們為了可以每個月按時的從老闆手裡拿到應該拿的薪水，只能老實的做人、踏實的做事，不敢有任何非份之想，因為他們不能一個月賺不到錢。

不能學習，不能拓展自己的人脈，在一個公司做久了，各種能力都會變得單一，自己也會淪為一個為別人賺錢的工具。

沒有錢就沒有投資的信心。現在是靠金錢說話的時代，賺錢多，賺錢快，還必須靠投資，把自己的每一分錢都變成自己的奴隸，晝夜驅使它們，使它們以幾何級數增加，我們的財富才可以不斷的壯大。

在二十到三十歲的十年間，我們不可能一個賺錢的機會都沒有，也許會遇到一個好機會。最簡單的就是投資股票、基金，或者找一個好地點，開一家小公司，都有可能讓資金迅速增加。

但是即使有再好的投資機會，沒有錢也是沒有用，沒有人敢把錢借給一個「負翁」或是「月光族」，任何投資都有風險，背著房貸的人不可能不去想投資失敗的後果，對他們來說，那絕對不是血本無歸那麼簡單。

有人會說，買房子本來就是一種投資，或許還可以增值！但是只有一間房子的人，不論房子怎麼增值，也只是一個數字，因為賣了房子之後，想再以同樣的價錢買回來，已經是不可能的。

二十幾歲的年輕人，如果透支自己二十年、三十年的購買力和投資能力，買了一間房子，還算做了一件好事，就怕沒買房子，卻把自己的收入全部花在追求時尚生活、高級的物質享受上，讓自己不但無法存錢，還負債累累。這樣的年輕人，同樣面臨著成為錢奴的後果。

二十幾歲的年輕人，進入社會之後，應該控制自己的欲望，降低自己的生活成本，短時間內為自己存下一筆錢。手裡有錢，就可以和老闆談條件，可以去深造，可以去投資，即使是輸了、賠了，也沒有壓力，大不了從頭再來！

二十到三十歲這段時間，我們手裡的每一分錢都是種子，不能輕易的把它當作糧食。我們應該先忍一忍，把種子種到地裡，好好培育、灌溉，用心照顧，這些種子就會生產出更多的糧食。這就是二十幾歲的男人，必須要存錢的原因。

讓口袋迅速鼓起來

二十幾歲的年輕人，把九〇%的錢都花在毫無意義的地方。

——張禮文

甲、乙兩個人出生在一個貧困農村的兩個貧窮家庭，兩個人都是村裡有名的孝子，為了減輕家裡的負擔，兩個人一起來到城市工作。

兩個人同時進入一家禮品公司當業務員，他們的工作就是每天帶著公司的樣品到各個公司推銷。收入是每個月有二萬元的底薪，外加業績的抽成。

兩個人為了存錢，他們租最便宜的房子，吃最廉價的食品，並且努力工作，生活還算過得去。

兩個人收入差不多，日常消費差不多，只是對待剩餘的錢，處理的方式不一樣。甲為了改善家裡拮据的經濟狀況，把剩餘的錢全部寄回家裡，讓父母支配。乙則把剩餘的錢存進銀行。

甲的父母收到兒子寄來的錢，全部用來改善家人的生活，購買新衣服、新傢俱、新家電，改善交通、飲食條件，最後還建了村裡最漂亮的房子。鄰居見甲家的生活越來越好，都稱讚甲有本事、孝順，同時羨慕甲家有這麼一個有出息的兒子，甲的父母也為有這樣的兒子感到驕傲自豪。因為在村人的眼裡，甲已經是一位成功人士，每年春節都是風光的回去，大把大把的花錢，像一個發大財的人。

除非家裡有非得要用錢解決的問題，乙才會寄一點錢回去。平時只是寫信、打電話給家人，自己在外面過得如何卻隻字不提，賺到多少錢更是不說。每到春節，總是找各種理由不回家，不是找了一個兼職的工作，就是買不到車票。

乙的父母覺得自己的兒子白養了，根本就沒有把父母放在心裡。村人也說乙在外面吃喝嫖賭，據說還欠下了賭債，要不然怎麼連家都不敢回呢？

五年後，乙開著車回家了，拿錢給父母建了一間小房子，買了最高級的傢俱、家電，同時給父母存了一些錢，足夠以後的開銷。原來，乙在城裡已經開了一家禮品公司，拿這些錢給父母，只是九牛一毛。

這時的甲，還是一家禮品公司的業務員，每個月賺的錢已經是剛進城時的十倍，但是自己依然沒有多少錢，而且還會不時的接到家裡的電話，叫他寄錢回家。其實他知道，家裡未必真的需要錢，只不過父母已經習慣是村人眼裡的有錢人，別人有的東西要有，別人沒有的東西也要有，因為他們認為自己的兒子能賺錢。

甲在內心深處，一直在和乙比較，五年之中，他覺得自己處處比乙強。沒想到平時自己眼裡的吝嗇鬼，不鳴則已，一鳴驚人。乙經過五年的醞釀，已經完成破繭成蝶的過程，完成靠工作賺錢到靠資本賺錢的轉變。自己，除了收入和欲望一起增加以外，似乎什麼都沒改變。

有一天，甲、乙相遇，乙請甲吃飯，問甲是否願意到他的公司工作。甲拒絕了，他到哪一家公司都可以，就是不能到乙的公司工作。他覺得兩個人起點是一樣的，乙的能力比自己強不了多少，在這樣的人的公司工作，很沒面子。

喝了幾杯酒之後，甲問乙：「我們的起點一樣，從事的工作也一樣，為什麼你能成為一家禮品公司的老闆，我卻是業務員呢？在家鄉，很多人都認為我比你強啊！」

乙說：「我並不比你強，我之所以能成為老闆，只是我想到你沒有想到的兩點：第一是我比你瞭解自己的父母。五年間，你把自己賺到的錢交給父母，他們把這些錢都花在什麼地方？花在滿足自己的虛榮心，滿足逐漸增加的欲望。你就像給一個失去造血功能的人無止盡的輸自己的血一樣，這個人無止盡的消耗著，而你日漸羸弱。

我也想讓自己的父母過好日子，但是我知道他們並不會把每一分錢用得恰如其份，只會把錢花在對將來而言毫無意義的地方，那些錢，就是我為他們建一座血庫的啟動資金。我的父母已經窮了幾十年，再窮五年也沒有關係，但是這五年對我們來說，意味著什麼呢？我們賺了十萬，給他們十萬，我們就一無所有；我們用十萬賺到一百萬，給他們二十萬，我們還有八十萬。

第二，我比你多一顆極度渴望獲得財富的心。我憎恨貧窮，憎恨窮人對待金錢的方式。我們在一起工作，我遇到的機會，你都曾經遇到，只不過我們的準備程度不同而已。**你想成為別人眼裡的有錢人，我卻想成為真正的富翁。」**

這樣的故事，每一天都在我們身邊上演著，故事的主角就是我們這些二十幾歲的男人。我們貧窮，不僅在於自己會不會賺錢，更在於自己會不會駕馭錢。

只要我們勤奮，只要我們付出，不論是開公司還是為別人工作，我們都可以賺到錢，只是多少而已。是多是少，要根據我們的能力、資源的佔有程度而定。

讓自己的口袋迅速鼓起來，是二十幾歲的男人最大的渴望。但是要用什麼辦法呢？最有用的辦法只有以下兩個：

控制自己和家人的欲望

二十幾歲的人，每天都會產生很多欲望，而且都覺得自己有這樣的欲望很正常，也應該得到滿足，否則太對不起自己。特別是我們愛的人和愛我們的人，我們有滿足他們欲望的使命和責任，覺得能滿足的一定要滿足。

無論是我們的欲望，還是我們愛的人的欲望，在二十幾歲的時候，只要我們不是富翁，就無法完全滿足彼此的欲望，因為這時我們欲望的增加速度，絕對大於我們收入的增加速度。想用薪水來滿足自己和親人的欲望，無論你每個月的薪水有多高，都是很難做到的。欲壑難填，就是這個意思。

農民耕種時不認真，覺得長幾棵野草沒什麼。沒想到野草比秧苗的生命力強出百倍、千倍，生長迅速並且四處蔓延，一段時間之後，田裡只見野草不見苗。

二十幾歲的人的欲望就像是農民田裡的野草，如果不知道控制自己和所愛的人的欲望，一個欲望得到滿足，另一個欲望就會接踵而來，緊接著還有第三個、第四個……自己的能力只能滿足其中很小的一部份，並且會因為自己的欲望得不到滿足而苦惱、憤怒，甚至失去理智。

二十幾歲的男人，欲望即使得到滿足，也是對一生毫無意義的事，只會使自己更庸俗。這時候，如果一味的放縱自己，花光昨天和今天賺來的錢，透支明天和後天能賺到的錢，只會助長貪婪的惡習，將會貽誤很多東西。

為每一份開支做精準的預算

把上個月所有的開銷都列出來，我們一定會發現，其中百分之九十是完全沒有必要的。例如：能在路邊攤吃飯的時候去了餐廳；能坐公車的時候坐計程車；本來是朋友請客，為了顯示大方，自己卻付了帳；手機還能用，見別人換新的手機，自己也跟著換了；看了一場自己喜歡的歌星的演唱會……

認真分析一下，有些東西是可買可不買的，有些錢是可花可不花的，這些對自己將來賺錢，達不到任何作用。

所以，在我們想花錢的時候，先要問問自己，這些錢不花可以嗎？有什麼原因一定要花？是一種理性的投資還是一種只是短暫愉悅自己的消費？花了這些錢，能為自己帶來什麼？多問自己為什麼，就能保證自己理智的消費，把錢花在刀口上，使錢的實用率達到百分之百。

在每個月甚至是每一天，都要明白自己賺了多少，花了多少，一定要保證自己的開銷低於收入。月初要把這個月的預算做得很詳細，劃掉所有不必要的花費，保證這個月不透支，還有盈餘。

不要相信「錢是賺來的，不是存下的」這種道理，沒有精準預算的開銷，賺多少也是枉然。抓錢的手再大，放進破的口袋也剩不下一分錢。

把錢花在刀口上，不但可以解決今天的問題，也可以為明天賺錢創造更多的機會，累積更多的實力。

用好自己的錢

花錢是開閘放水，用錢是用餌釣魚。
——張禮文

二十幾歲的男人，透過自己幾年的打拚，讓口袋逐漸豐盈，有了一些屬於自己的錢。隨著錢的數目逐年增加，我們應該如何對待這筆錢呢？

有錢就得花，不花不就是吝嗇鬼嗎？再說，錢財乃是身外之物，辛苦的把它賺回來，就是要用來改善自己的物質和精神生活的品質。這句話沒錯，該花的錢一定要花。

但是花錢也要有限度，不知道節制的花錢，有多少錢都會花掉。自己的錢怎麼花是自己的事，別人不會干涉，但是花錢的時候，還是應該保持清醒的頭腦，理智的消費比較好。花多少，花在什麼地方，必須量力而行。

提高自己的生活品質以後，手裡還有一些錢，每天因為工作還能賺到一些錢。這些錢應該怎麼辦呢？是繼續存進銀行，還是把它利用的更好？

存到銀行是很多人的選擇，原因就是很多人除了賺錢、存錢、花錢，卻不知道怎麼利用。

作為二十幾歲的男人，如果比別人更早的學會用錢，就會充份發揮和挖掘錢的力量，為自己帶來更多的財富。注意，這裡強調的是帶來的財富，而不是錢。當然，財富裡一定包括錢，但是錢無法代表財富的全部。

財富還包括獲得金錢的決心，已經擁有的存款、賺錢的技能和途徑，可以調動的社會資源和自然資源。

把錢用出去，用好，用對地方，才會產生財富。那麼，怎麼做才是正確、有效的利用自己的錢？辦法有以下幾種：

把自己的每一分錢都用在刀口上

把錢用在刀口上做什麼？使自己的刀更鋒利，輕鬆的砍掉人生道路上的荊棘。作為二十幾歲的年輕人，知道哪些是刀口呢？

學習自己所在行業需要的專業知識和技能。

每一個行業都在快速的向前發展，知識不斷更新，消費者的需求更加難以把握。想要保證在人才輩出的時代不被淘汰，就必須主動學習，參加各種有目的性的培訓，使自己的實力增強，身價倍增，名氣增大。

結交更多能為自己帶來發展機會的人。

每一個行業都有一些經驗豐富、見解獨到、預測精準的人，還有一些把握著行業發展所需資源、有寬廣人脈的人。與這些人成為朋友，我們就會機會無限，「錢」途無限。

購買有升值空間的財產

有了多餘的錢，存到銀行裡是一種選擇。但是同樣的錢放在銀行裡，獲得的利息很有限，不如買一些有增值空間而且風險不大的財產，這些財產有哪些呢？

房地產。年輕人手裡有了錢，最好還是買一間房子，前提是我們已經買得起，房貸不會影響我們的生活品質、工作和學習，不會成為我們巨大的壓力。

購買房子的好處有很多，在房租與房貸相同的情況下，能多買一間房子就多買一間房子，把房子租出去用來還貸款。不要擔心房子會貶值，現在有許多人，他們想在大城市裡擁有一間房子的欲望非常強烈。

不可再生的東西。物以稀為貴，很多當時非常普遍、廉價的東西，因為沒有人重視又不再生產，就存在升值的空間。在這個方面，看遠一些，就會以現在最小的投資換來巨大的財富。

只要是不可再生，將來會越來越少的東西，都值得關注，不論現在的價錢如何。

黃金。黃金是全世界最穩定、最能代表財富的東西。任何貨幣都會因為時勢的變化而貶值，但是黃金不會，並且全世界都能通用。

保險

每天都會有各種的災難發生。發生在別人身上是故事，發生在自己身上就是事故。人生，就是從出生到死亡的過程，在這個過程中，很多災難是無法預知的，更是防不勝防的。我們可以想盡一切辦法避免災難，但是災難一旦選擇我們，我們就只有承擔和接受。

大病和意外傷害保險。人吃五穀雜糧，沒有不生病的。科技的發展與大自然規律被破壞、生命規律被打亂的同時，很多前所未聞的疾病隨時隨地都可能襲擊我們。保險並不會讓我們的投入得到增值，但是它能讓我們以最小的代價，轉移最大的風險。

在災難面前，任何人最好都不要懷有僥倖的心理。

每年被強迫存錢。假如我們從二十歲開始，每一年為自己在銀行存入三萬元，一直存到六十歲，而且只能到六十歲的時候才可以取出來，算一算，在我們退休的時候，會有多少錢呢？一百二十萬。

一年之中，三萬元可以輕鬆花掉，多出三萬元，我們的生活水準並不會提高多少，少了三萬元，也不會降低多少。但是六十歲的時候有了一百二十萬，就不一樣了。保險，就是能強迫我們把不應該花的錢存下來。

謹慎投資

人是很奇怪的動物，沒錢時想要有想法都沒有，有錢了想要沒有想法都不可能。看到別人做一些投資，短時間內投資獲得高回報，自己難免也會蠢蠢欲動，想把錢放到一個地方，不費吹灰之力，就能賺到加倍的錢。

任何投資都會有風險，只賺不賠的買賣永遠不存在。但是投資是我們一定要做的，那麼，哪些投資要非常謹慎呢？

謹防高回報的投資。任何騙局都是披著省時、省力和高回報的外衣來到你的面前。如果有一天，有人跟你說，把你的錢給我，我有一個投資項目，每個月保證你有二〇%的投資報酬率，投資一百萬，一個月就會變成一百二十萬，一年就會變成二百四十萬。一年之內，什麼都不做，坐在家裡就能賺到二百四十萬，是多好的事啊！

這個世界上，除了走私、製造和販賣毒品，真的找不到有這麼高獲利的生意。

不和陌生人在陌生領域投資。一個對圖書出版不熟悉的陌生人，如果找我們做圖書出版的生意，你投不投資？絕對不能投資。因為你們對圖書出版領域不瞭解，對圖書一無所知的人，能掌握圖書出版的每一個細節嗎？根本不可能。和這樣的人做這樣的投資，血本無歸才是正常的。

很多行業我們都很陌生，那麼，我們就不能做投資嗎？也不是。只要我們對哪一個行業感興趣，有投資的意願，首先就要保持冷靜的頭腦，接近那個行業，關注那個行業，並且向那個行業裡的專業人士請教，聽取他們的建議。

守住自己的口袋，把投資的風險降到最低，不衝動，不盲目，不貪婪，就能避開投資的陷阱。

總之，有了錢，還是要用的。如果一味的抓緊口袋，錢出不來，同樣也進不去。只賺錢不花錢，是吝嗇鬼；花錢不用錢，早晚是窮鬼。

逆向分割夢想

順著兔子的蹤跡摸索，我們就會發現老虎。
——張禮文

有一位老師，在為他的學生上第一堂課時，提出一個非常簡單的問題。老師的問題是：當你們帶著獵槍去打獵的時候，發現了一隻兔子，你們馬上要做的事是什麼？這個問題看起來再簡單不過，所有的學生都回答：「立即向兔子開槍。」

老師說：「如果是我的話，做的第一件事一定不是開槍，而是判斷這隻兔子是否在我獵槍的射程之內。」

只有在獵槍的射程之內開槍，才可以打中獵物。

老師又說：「我出這道題目給你們，其實是在提醒你們，這個世界上，誘人的獵物有非常多，但是你手裡這把槍的射程是有限的。盲目的向射程之外的獵物開槍，只會讓想射殺的獵物離你越來越遠。即使獵物在你的射程之內，也是離你越近你射中的機率越大。」

看了這個故事，你是否會想起上小學的時候，老師問每一個人的理想是什麼，那時我們回答的是什麼？科學家、數學家、作家、歌星、演員……但是現在看來，幾乎沒有人可以實現自己兒時的理想。原因之一，就是那些理想離當時的我們太遙遠。如果我們當時的理想是在一個月內提升數學成績，說不定我們真的可以成為數學家。

在英國最古老的建築物西敏寺旁邊，矗立著一塊墓碑，上面刻著一段非常著名的話：

> 當我二十歲的時候，我的理想是改變這個世界；當我三十歲以後，我發現我不能改變這個世界，我將理想變小一點，決定只改變我的國家；當我到了六十歲以後，我發現我不能改變我們的國家，我的最後願望僅僅是改變我的家庭生活，但是，這也不可能。當我現在躺在床上，風燭殘年時，我突然意識到：如果在二十歲的時候，我僅僅改變我自己，然後，我可能改變我的家庭；在家人的幫助和鼓勵下，我可能為國家做一些事；然後，誰知道呢？我甚至可能改變這個世界。

二十幾歲的年輕人，問問自己，是不是也同樣犯這樣的錯誤呢？

人人都有夢想，但並不是人人都能實現自己的夢想。只要不傷害國家、社會和其他人的利益，有什麼夢想都不是錯。但是如果沒有適合自己實現的夢想，沒有實現夢想正確的行動和步驟，輕者貽誤青春，重者讓自己得不償失。

任何一個人成功都無法複製。他們的成功都離我們太遠。作為社會一份子，我們應該做的還是老實的做人，踏實的做事，走自己應該走的路，做自己應該做的夢。

這不是要求二十幾歲的男人不能有夢想，沒有夢想的年輕人，就沒有成功的可能。**男人，一是要有血性，二是要有夢想和野心，三是要有腳踏實地的耐心和堅忍不拔的毅力。**

夢想，是一種渴望，是一種幻想，但是它離妄想很近，一不小心，夢想就會變成妄想。夢想是我們要捕捉的獵物，我們想要捕捉到這個獵物，就要馬上去尋找自己的獵物。

我們要去捕捉自己夢想的獵物，就要確定自己得到這個獵物是不是違法。如果是，就算真的能捕捉到，我們大概也沒有機會和時間欣賞。

春秋時期的大思想家老子曾經說：「天下難事，必做於易；天下大事，必做於細。」這就是告訴年輕人，財富的累積，都是從零開始；任何巨大的成功，都是從細節開始。

假如你的夢想是做一名知名的編劇，寫一部非常受觀眾歡迎的電視劇本。要實現這個夢想，要分幾個步驟呢？是不是只要把劇本寫出來就可以？

下面我們來分析一下，一部成功的電視劇怎麼出爐：

■ 首先，寫出一部非常好的劇本。

■ 有一家非常有實力的公司，願意投資拍攝我們的劇本。

■ 有一位知名的導演和著名的演員，詮釋我們的劇本。

■ 有成功運作電視劇的經紀人或是公司，運作這部電視劇。

■ 在最具影響力的電視臺的黃金時段，播出這部電視劇。

從這五個步驟來看，離我們最近的還是寫出一部讓投資公司滿意的劇本。但是寫成這樣的劇本，又離現在的我們有多遠呢？好像離我們非常遙遠，因為現在我們還不知道劇本怎麼寫，根本不在我們手上這把槍的射程之內。

那麼，一部好劇本是如何寫成的？又如何讓想拍這個劇本的公司看到？

■ 對寫劇本有相當大的興趣。

■ 有紮實的文字功力和編故事的想像力。

■ 掌握寫劇本需要的專業知識和良好的運鏡技巧。

■ 在影視界有廣泛的人脈。

我們因為對寫劇本有相當大的興趣，才決定寫一部電視劇，文字功力、編故事的想像力還說得過去，但是還是無法馬上寫出很好的劇本，這個目標也不在我們的射程之內，怎麼辦？

- 考上一所大學，學習與創作劇本相關的專業知識。
- 經常把專業知識運用到自己的創作當中，把自己的劇本拿去讓老師指導。
- 當上業內知名教授的研究生，想辦法結識在影視界工作的人，與他們成為朋友。
- 透過教授的關係，結識業內知名的影視投資公司的負責人，從他們那裡獲得市場的最新資訊。

到了這一步，在我們射程之內的獵物就是考上大學，這是可行的，能做的就是為考試做準備。

一旦自己有了夢想，就要考慮一下自己手裡這把槍，看看夢想是不是在射程之內。如果在，趕緊一槍擊落；如果不在，迅速判斷它應該在哪裡，離現在自己的位置有多遠，自己怎麼才可以走最短的距離，用最短的時間，靠近夢想。

在我們二十幾歲的時候，都會有很多美好的夢想，又有很多夢想在實現的路上半途而廢，原因並不是完成夢想的難度太大，而是夢想太大，讓自己感覺太遙遠，覺得一切都來得及。但是，如果我們今天不向自己的獵物靠近一步，夢想這個獵物就會遠離我們十步。

不論夢想離自己有多遠，總有今天可以做的事。

守住自己的口袋，把投資的風險降到最低，不衝動，不盲目，不貪婪，就能避開投資的陷阱。

第二章：我們的資源和優勢是什麼？

這絕對是靠資源、本錢和優勢說話的時代。

一個個無形的圈子，把社會這鍋肉分成許多碗，有的碗裡都是肉，有的碗裡連湯都摻了水。我們想要吃肉，就要捧起有肉的那個碗。

我們想要成為什麼樣的人，背後就要站著一群什麼樣的人。

我們的資源在哪裡

如果身後站著美國八大財團，我們就可以是美國總統。

——張禮文

每一個想發展、想成功的人，如果沒有資源，等於是紙上談兵、癡人說夢話。投資做生意，必須看看自己口袋裡有多少錢，看看自己是不是經商的料。二十幾歲的男人，想在競爭白熱化、沒有一個領域不被涉及的時代擁有一席之地，就要看看自己現在擁有哪些資源，有哪些資源可以利用，有哪些資源可以開發。

二十幾歲的男人，會有哪些資源呢？

父母、家族的資源

自己的父母和家族成員，在我們二十幾歲的時候，他們已經在這個社會上奮鬥了三、四十年，有一定的社會地位、人脈關係，累積了一定數量的資金，還有寶貴的人生經驗。

老師、同學和朋友的資源

在二十歲之前，與我們相處時間最長、接觸機會最多的就是自己的老師、同學和朋友。尤其是我們的老師，他們以前的學生可能已經是社會上的精英，在各個行業裡都有一定的地位、權力和財富。

我們的同學、朋友和我們差不多，但是他們的父母、家族也會有一定的社會資源、人際資源。

女朋友的資源

女朋友的資源很特殊，也很有吸引力。但是需要說明的一點是，在決定誰做自己的女朋友時，不能因為看中對方的資源而盲目決定。因為我們選女朋友是選未來的伴侶，要以婚姻和家庭的形式存在。女朋友的資源可能為我們的事業發展帶來好處，但是不一定能為我們帶來幸福。

在學校裡學的知識

在學校裡我們學會了一門或是兩門專業知識。許多公司需要我們這些專業人士，幫助他們解決某一方面的問題，這時候，我們學的知識就是我們的資源。

我們的特點和天賦

每一個人都有其特長和天賦，只是開發程度不同而已。例如我們的交際能力、組織能力、寫作能力、策劃能力等。我們表現出來的特點和天賦，會讓自己與眾不同，使我們在人群之中容易被發現。

對於二十幾歲的男人來說，我們在社會上剛起步的時候，資源越豐富越好，它會使我們獲得更多的支持，縮短奮鬥的距離和時間，使我們短時間內迅速達到一個高度。所以，在不違法、不違背道德的前提下，好好利用已經擁有的資源，是再好不過的事。

有了資源是好事，可惜二十幾歲的年輕人往往不知道珍惜自己的資源。對於別人的資源，我們可以利用，而不是佔有和浪費。

例如，父母有錢是好事，是一種難得的資源。我們拿父母的錢做什麼？很多年輕人往往拿父母的血汗錢，花天酒地，紙醉金迷，甚至仗著父母的權勢，做一些違法的勾當。這不是利用父母的資源，而是在大肆揮霍父母的資源。**揮霍本來可以利用的資源，就等於揮霍自己的人生。**

任何資源只可營造不可揮霍。作為年輕人的父母，這一點要注意，如果自己的子女不珍惜你們所提供的資源，最好還是不要讓他們揮霍，拿著資源做蠢事，還不如沒有資源不做事。

假如我們的父母和家族不能為我們提供任何資源，而且還需要我們去支持和照顧；老師、同學和朋友對我們也無能為力，女朋友還沒找到，特點和天賦早就被填鴨式的教育扼殺了，我們手裡只有一張大學畢業的證書，但是許多公司已經人滿為患，他們正在思考的問題是怎麼減員增效……看來，二十幾歲的年輕人，在參與社會競爭中，沒有資源可用，沒有優勢可言。但是不要忘了，我們最起碼還有一個優勢，那就是我們屬於這個時代，有這個時代的鮮明特點，有與這個時代吻合的思考方式，這是其他時代的人不可能具備的。

年輕、精力體力充沛、敢想敢做、拿得起放得下、接受新事物能力強、獲得資訊條件優越……這也是二十幾歲的人的資源。只要我們把這些資源好好利用，就能幫助自己開發新的資源。

任何一個人的成功，都不是單純的個人成功，而是他把自己的資源做了最佳整合，產生最大的力量，並且集中在某一點上。

二十幾歲的人，進入社會，從事一項工作，這是很正常的事。但是，我們不論做什麼工作，薪水多少，職位高低，也不能僅僅為了賺錢養家。在賺錢的同時，還有一項工作要做，那就是在工作的同時，盡力開發為己所用的資源——人脈資源。

二十幾歲的人，在一個公司裡，和老員工比，差別是什麼？工作經驗？工作能力？準確的預測？當然這些都包括在內，但主要還是差在資源上。例如做業務工作的，差的就是客戶的多少和份量的輕重；做編輯工作的，差的就是作者的多少和作者創作能力的強弱。

不論做什麼，都是靠人來做，都是在做人的工作。

別人是我們的資源，同樣的，我們也是別人的資源。這個原理就決定我們將有很多資源可以開發和利用。用一句俗話來說，我們有別人可以利用的價值，我們才可以從別人那裡獲得資源。

大公司裡有大資源，小公司裡有小資源。我們進不了大公司就進小公司，我們無法獲得大資源就獲得小資源。資源可以從無到有，由弱到強。

怎麼才可以使年輕人在社會上獲得更多的資源？其實很簡單，我們必須做到：

- 是一個正直、善良、富有責任感和使命感的人。
- 是渴望成功、追求進步、愛學習、愛思考、勤奮的人。
- 能像維護自己的利益、名譽一樣，去維護別人的利益、名譽。
- 忠於自己團隊的目標，把自己的目標設置在團隊目標之內。
- 能得到對手的敬佩。

世界上沒有一個人願意與他反感的人成為朋友，也不會與他不信任的人合作。我們要成為值得別人信賴的人，別人願意合作的人，願意共用資源的人。這樣，我們就可以從社會上，不斷的獲得我們需要的資源。

一個人能調動多大的力量，他就有多大的力量；一個人能調動多少財富，就能創造出多少財富；一個人的身價，取決於他背後站著的人群的份量。

我們的優勢是什麼

只要刻苦勤奮，你做什麼都可以成功。這種說法極端的錯誤，而且不負責任。

——張禮文

在這裡，首先必須要強調三點：

- 任何人都有他的優勢。
- 任何人，只要在適當的時間、適當的地點，充份發揮自己的優勢，就可以改變自己的生活，甚至是改變命運。
- 你的成功之路在於最大限度的發揮優勢，而不是彌補自己的缺點。

如此推理，每個人都能成功。事實上，在某個領域成功的人，可以說是少之又少，絕大多數的人時時都處於劣勢狀態，似乎對這個社會無能為力，不得不為了自己、家人的生計奔波勞碌。

既然任何人都有優勢，他自己為什麼不知道呢？還有比他自己更瞭解他的人嗎？當然沒有。但是現在二十幾歲的男人都瞭解自己什麼呢？往往是自己的弱點、缺點和不足。在二十到三十歲這段時間，他們的大部份時間幾乎都用在彌補自己的缺點，而沒有發揮自己的優勢。

彌補自己的缺點，往往是在不適合自己的地方，為了滿足不適合自己的發展要求，強迫自己去學習，去考各種的資格證書，去改變自己做人的原則，甚至是磨滅自己的優勢。這樣的人，在公司裡只會是一名員工，不可能是一名優秀的員工，更不可能自己獨自做一番事業。

我們為什麼這樣呢？因為在小時候，追求完美的父母，目光一直盯在我們的缺點和弱點上，強調的是我們應該如何學習，總是拿我們跟某方面比我們優秀的孩子相比；在學校裡，老師也是這樣，只要我們不夠優秀，他們就會在我們身上找到值得批評的地方。

比較，習慣拿自己的劣勢和別人的優勢比較，總覺得自己一無是處。用自己的劣勢去做事，如果慘遭失敗，就全面否定自己。這是現在二十幾歲的年輕人經常發生的事，常常會聽到他們這樣的抱怨：「唉，和別人相比，我什麼優點也沒有。」在抱怨中，他們逐漸喪失工作和生活的信心。

二十幾歲的人，將走出校門，進入社會，需要完成多種轉變和適應。在此前的二十多年中，我們都是被父母、老師安排著，應該做這個，不應該做那個。我們就像一個木偶被多隻手操縱著，那時，我們深刻感受依賴別人、不能獨立的痛苦和孤獨，感覺自己就是實現他們未竟理想的期望，是他們生命的重新延續。

進入社會，父母對我們或是因為愛莫能助，或是因為鞭長莫及，或是覺得我們應該獨立，對我們干涉就不那麼多了。但是，面對比學校複雜的社會，我們似乎來到另一個世界。這個世界彷彿就是一個「關係」的社會，有關係就是有優勢。曾經非常痛恨被管的我們，這時候卻希望有人管管我們，給我們安排一條寬闊平坦的路，管管我們的食衣住行。但是社會資源總是在少數人手裡，在自由經濟時代的背景下，像我們這種資源、關係都沒有的人，只能到市場上碰運氣。

市場風雲變幻，越有優勢的人就越有機會，越會受到他人注意；越沒有優勢的人越會遭到冷落，直至淘汰。別人的成功和自己的倒楣，讓我們心理失去平衡。我們對各個行業都是一無所知，大學裡學的知識似乎百無一用，感覺每個行業裡什麼都缺，就是不缺人。

讀書的時候，我們對嘴裡說著「熱愛自己的工作」的那種人嗤之以鼻，瞧不起他，我們覺得作為一個有血性的男人，應該是喜歡做什麼，才去做什麼。後來我們才發現，我們根本不知道自己到底愛什麼，更不知道自己適合做什麼！

不知道自己在哪一方面有優勢，不知道自己在哪一行能做出成績，這是為什麼呢？是因為我們過多的關注自己的劣勢，而沒有認真思考自己的優勢是什麼；過多考慮的是自己如何適應工作，卻很少考慮自己適合什麼工作。

因為沒經驗、沒人脈，獲得的支持少，在陌生的領域裡，開始做事時很難順利取得成功，剛上班時，也很難取得主管、同事的信任和支持，對工作感到無力，四處碰壁，這樣就會影響我們的心態和情緒，自信心在一次次打擊與否定中逐漸喪失。

我們真的像自己想像的一樣，無能、無用嗎？絕對不是，寶物放錯了地方就是一件廢物，在我們決定做什麼工作的時候，還是要瞭解自己的優勢。

生活的真正悲劇並不在於我們每個人都沒有足夠的優勢，而是在於我們沒有使用自己擁有的優勢。

我們都是生活棋盤上的棋子，我們可能是車，可能是馬，也可能是炮，甚至只是一個小卒。是什麼不重要，只要把自己放在適合的位置，同樣具有強大的殺傷力。

天生我材必有用。每個人都有屬於自己的獨特才能，我們對什麼都感興趣，是才能；征服欲望強烈，是才能；認真仔細，是才能；忠厚老實，是才能。更不用說聰明好學、知識淵博、機智勇敢、幽默風趣、吃苦耐勞……總之，我們身上一定存在著某種才能，也就是最明顯的特點。

找到自己的特點，就會知道自己的才能，就應該思考如何把才能變成優勢。一個人只有把自己的才能轉化成優勢，才可以依靠自己的優勢成就自己的夢想。

具體應該怎麼做呢？請注意以下幾點：

- 非常準確的評估自己，在一張紙上寫出自己的特點，也就是屬於自己的才能。
- 在幾種才能中，選出自己認為最有利用價值的一種。
- 針對選出來的一種才能，配以必要的技能和知識，並且尋找需要你所具備的才能的職位，進行強化訓練和充實，使其成為能代表你的象徵。
- 如果一下子找不到與這種才能吻合的職位，也要在工作之餘利用任何機會去引導、培養、展示和證明，讓更多的人知道你有這種與眾不同的優勢。
- 一旦得到與自己優勢相符的職位，就應該把握任何機會，用自己的才能形成能夠壓倒對手的實力和條件，使自己成為這個職位上不可替代的人選。

二十幾歲的男人，不要輕易斷定自己沒有優勢。我們沒有，是因為我們的優勢還沒有被自己開發、培養和利用。

千里馬立大功，成大業，離不開伯樂，但是，能不能成為千里馬，卻在千里馬自己。

二十幾歲的男人，如果自己說不行，別人當然不敢用你。

男人就要賭一次

一個人在賭桌前押上籌碼以後，才是這個世界上注意力最集中、最積極想辦法贏的人。

——張禮文

一般人對「賭」這個名詞非常忌諱，不敢越雷池一步。認為君子從來不賭，不做沒把握的事，不做超越自己能力的事。如果你做了，就是不知道自己的能耐在哪裡。

所以，父母和老師教導我們：陌生的人別見，娶不到的小姐別想，沒準備的仗不打，條件不成熟的事不做。如果你做了甚至是想了，就有一句話等著你：「癩蛤蟆想吃天鵝肉」。總之，父母和老師會隨時提醒我們，不要賭，不能賭。不要相信「一切都有可能」，對於我們來說，有把握的事都做不好，更不用說沒把握的事。

這樣的思維習慣，導致我們想做一件事的時候，沒有任何賭性，沒有一二〇%的把握，就很少去做，甚至連想都不想。遇到想做的事，首先想到的是自己的短處和不足，這件事的難處和不可行的地方，失敗後自己的損失和別人的評論。於是，認為自己做這件事就是在賭。不能賭，害怕輸，就把這件事徹底放棄了。

我們習慣否定自己、不敢賭的原因，就是面對一件自己想做的事的時候，從來不想其可行的一方面，而是考慮其不可行的一面，這是極端錯誤的。這樣思考問題的習慣，是在不斷的暗示我們放棄。一個人一旦從心裡放棄了，在行動上就是為自己的放棄尋找藉口。

拿破崙・希爾為了證明一個人會有這樣的思考習慣，做過一個實驗。他讓他的學生思考一個問題：如果我們透過各種手段，不斷的提高人們的生活水準，豐富人們的物質和精神生活，最後能不能在國內實現零犯罪，廢除國內所有的監獄？

學生們一聽，都覺得這是天方夜譚，實在是異想天開，甚至是幼稚可笑的想法。於是有人站起來說：「老師，你的想法僅僅是一個理想而已，但是絕對無法成為事實，與我們努力與否無關。這個國家想要徹底消滅犯罪，就像想要徹底消滅老鼠一樣困難！」

另一個學生站起來說：「社會不可能真正實現資源的公平分配，只要存在貧富差距，就難以制止犯罪。如果在這個國家做與不做都一樣，做好做壞都一樣，會做事的人不如不會做事的人，那麼，誰不選擇享受而選擇工作？結果不是國家廢除監獄，而是整個國家變成了一座地獄。」

第三個學生站起來說：「有一些人天生就是反動份子，喜歡把自己的快樂建築在別人的痛苦上。他們犯罪，並不是因為缺少生活物質，而是對物質的佔有沒有止境，窮奢極欲。人的欲望就像大海，用什麼也填不滿的，結果只會導致洪水氾濫成災。」

最後學生們達成一致的意見，要求老師放棄這個想法，因為這個想法無論從哪個角度來說，都是不成立的，根本無法實現。

拿破崙・希爾聳聳肩膀說：「親愛的同學們，你們說的都對，我現在也覺得這個想法很荒唐。但是我要告訴你們的是，昨天我和一個賭徒打了一個賭，我對那個人說這個想法可以實現。我的籌碼就是這座學校的所有權。按照你們的結論，明天站在這裡為你們講課的，就不是我而是那個賭徒。如果贏了，那個人答應為我們學校出錢，蓋一座藏書達千萬冊的現代化圖書館。」

既然是老師一時糊塗把學校押給賭徒了，就沒有任何退路，只能想盡一切辦法賭一下，即使不能贏，也不能眼睜睜的看著學校讓給別人。萬一贏了，學校就有千萬冊藏書的現代化圖書館，太好了！這群剛才激烈反對的學生，就像已經站在戰場的鬥士，積極的想辦法。

有同學說：「聽說中國在唐朝的時候，全國的死刑犯才九百多人，犯罪率達到歷史最低點，我們應該去查查文獻，看看那時中國實行什麼政策。如果我們再把那個政策進行改進和加強，說不定可以成功。」

另一個同學說：「其實犯罪的基本根源是比較，假如一個人一出生，這個社會就沒有比較，可能就沒有犯罪的產生。相同年齡層的人的食衣住行，幾乎一樣，不論是有錢人還是沒錢人。大家如果都以努力工作為自豪，寄生依賴為社會不容，就不會產生犯罪了。」

同學們七嘴八舌的提供意見，最後讓他們感到不可思議的是，他們居然提出了數百個辦法和構想。

拿破崙・希爾最後笑著說：「同學們，這不是一次賭博，而是一次試驗。我想大家已經知道這個實驗的目的：當我們認為某件事不可能做到的時候，你的大腦就會為你找出許多做不到的理由。但是，當你真正相信某一件事確實可以做到，你的大腦就會幫你找出可以做到的各種方法。人都是有惰性的，只有置身於非贏即輸的賭桌前，人才會想盡一切辦法贏。看來，人生應該處處擺著賭桌。」

當然，一生中，允許我們賭的時候並不多。人過了三十歲之後，在一個行業裡有了豐富的工作經驗、實用的人脈，有了一定的身價，思維模式開始轉變，對新的領域難以適應，體力不夠充沛，許多條件已經不允許我們從零開始。

那些一邊賺錢，一邊告訴我們「什麼時候開始都是對的，只要你開始」這種話的人，如果叫他放棄自己賺大錢的事業，再從另外的行業從零開始，他一定不答應，除非他賺錢賺到瘋了。

我們成家之後，每個月的房貸要交，孩子的學費要交，一家人的生活開銷都等著自己去賺錢。這時候，即使我們敢賭，也要仔細想想，因為那時候我們的確輸不起。

看來，賭也不能跟著自己的感覺，值得賭的我們要賭，不值得賭的就不能賭。

男人不能沒有賭性，一生之中總要賭一次。適合我們賭一次的時間，就在我們二十到三十歲之間。

二十幾歲的人，精力充沛，想像力豐富，衝勁十足，接受新事物、適應新環境的能力都比較強。父母健在，身體健康，自己又沒有每月必須付的房貸、車貸，沒有必須維持的家庭開銷，為什麼遇到想做的事不去做呢？即使是賭，大不了就是輸，輸了又怎麼樣，大不了從頭再來！

二十幾歲輸一次，後悔一年；二十幾歲一次不賭，後悔一輩子。

凡事都要爭取

球王比利說，他最好的進球是下一個，上帝會笑，因為值得期待。

——張禮文

一位青年愛上一個農夫的女兒，但是按照當地的風俗，只有女孩子的父母同意他們的婚事，他才可以娶到心儀已久的女孩子。於是，自己覺得還算優秀的他，來到農夫家裡，說明來意，請農夫成全他們的婚事。

農夫上下打量這位青年，覺得他身材魁梧、英俊帥氣，和自己的女兒很匹配。唯一的遺憾，就是這個青年很窮。男人年輕時窮一點沒關係，只要有上進心，以後就會成功。於是，農夫決定考驗這個年輕人。

農夫說：「我對未來的女婿唯一的要求是，他是一個勇敢、果斷、能把握任何一個機會的人，你覺得你是嗎？」

青年說：「我是大家公認最聰明的人，當然可以把握任何一個屬於我的機會。請您放心，我會讓您的女兒成為最幸福的女人！」

農夫說：「既然你是大家公認最聰明的人，一定會願意接受任何考試。這樣吧！年輕人，你站到我家牛圈的後門，我要放出三頭牛讓牠們從你的身邊經過，牠們要去牧場吃草。當三頭牛從你身邊經過時，你如果抓住三頭牛中任何一頭牛的尾巴，你就可以娶到我的女兒。」

青年覺得這件事太簡單了，沒想到這麼容易就可以娶到農夫的女兒，心裡非常高興，他以一種志在必得的姿態，接受農夫的考試。

青年站在牛圈的後門，做好準備，等待第一頭牛從圈裡出來。農夫把牛圈的門打開，放出來第一頭牛。這一頭牛和青年人村裡最強壯、最野蠻的牛長得一模一樣，頭上還長著長長的、尖尖的犄角。他曾經被村裡那頭牛撞傷過，現在身上還留著一道長長的疤痕。

看到這頭牛，青年不由自主的想到自己被那頭該死的牛撞傷的情景，那是自己一輩子都忘不了的牛，這頭牛是不是那頭牛呢？體形、毛色都一樣，也許就是那頭牛。上一次自己從那頭牛的身邊經過，就被撞得渾身是血，如果這一次去抓牠的尾巴，牠不把自己撞死才怪！

青年想，把這頭牛放過去，自己還有兩次機會，只要抓住一次機會，就可以把自己心愛的女孩子娶回家。既然還有兩次機會，這一次冒險就太不值得了。於是，他躲到一邊，讓這頭牛順利的經過牛圈的後門，跑進牧場。

農夫放出第二頭牛，那頭牛並沒有直接跑進牧場，而是站在牛圈的後門，四處張望。天啊，青年看到這頭牛，一下子傻了眼。這頭牛比剛才那頭牛足足大一倍，強壯得像一座小山。看上去牠已經被關得久，脾氣非常暴躁，鈴鐺似的大眼睛，閃著兇狠的光芒，四蹄在地上亂踢，泥土飛揚，嘴裡「哞哞」不停的叫著，那種聲音讓人聽著就膽顫心驚。

年輕人想都沒想，轉身就跑，他擔心已經失去控制的猛牛發現自己，立刻向自己衝過來。哦，謝天謝地，牠並沒有過來，而是跑進牧場。看著遠去的牛，青年才想起自己是來抓牛尾巴的。幸好還有一次機會，這一次不論遇到什麼樣的牛，一定要抓住牠的尾巴，否則自己就娶不到心愛的人。

第三頭牛是走出來的。青年看到這頭牛，心裡非常高興，慶幸自己剛才沒有衝動。這是一頭弱不禁風的小牛，連走路都不停的搖擺，四條腿似乎已經無法支撐自己的重量。青年大喊一聲：「天助我也！」衝上去就抱住那頭小病牛。小病牛嚇呆了，趴在地上，一動也不動。

青年伸手去抓牛尾巴：「天啊，這是一頭沒有尾巴的牛！」

農夫從裡面出來，說：「非常遺憾，我不可能把心愛的女兒交給一個只知道等待而不知道爭取的人。現在你很窮，卻不肯凡事爭取，可以斷言，你這一輩子都不會富有。**人生可以把握的機會有很多，但絕對不是下一個！**」

球王比利說他踢得最精彩的進球是下一個，那是因為他只要走上球場，站在前鋒的位置上，就不會放過任何進球的機會，哪怕不是機會的機會。在他的眼裡，足球是一分鐘的比賽，而不是九十分鐘。

作為二十幾歲的男人，習慣認為自己還年輕，以後的時間還很多，機會還有很多，於是便今朝有酒今朝醉！遇到事情，想都不想，就覺得自己不行；遇到困難，就覺得做再多努力也於事無補，明天再說，下次再說，不斷的放過、錯過。等到三十歲的時候，依然一無所有，一無所獲。

很多機會，人生只有一次。例如，考大學，遇到一個好女孩，一個好的工作機會，一個可以給自己帶來很多幫助的人……我們當時沒有把握，就會成為我們終生的遺憾。

二十幾歲的男人，總是有兩個極端。一是盲目自大，什麼都不放在眼裡，覺得任何人都不如自己；二是覺得自己什麼事都不能做，什麼事都做不好。

前一種年輕人，小事不願意做，大事不能做，眼高手低，紙上談兵。他們總是認為自己只需要一個機會，就可以發大財、做大事，一舉成名天下聞。於是，他們看不起職位低的工作，瞧不起錢少的工作，最後的結果是庸碌一生。

後一種年輕人，生來就覺得事事不如人，父母社會地位低，自己學歷低智商低、能力低、做事效率低，導致遇事退縮、說話小聲、膽小怕事、自卑猥瑣，結果，不敢承擔責任，好機會都錯過了，看到人家賺大錢，自己卻窮困潦倒。

這兩種人都不可取。作為二十幾歲的年輕人，跨進社會的大門，靠著自己的精力充沛、接受能力強、可塑性強，對自己要全面培養能力，多方面嘗試，重點選擇，才會遇到更多的伯樂，更多的機會。

男人，千萬不要說「我不行！」事情沒有做之前，誰也不知道自己行不行。位置決定腦袋，坐到什麼位置就會想什麼事。

正所謂時勢造英雄，現在的社會，經濟快速發展，知識更新速度快，生活節奏快，舊的社會架構被打破，新的架構漸漸形成，新行業、新事物層出不窮，只要年輕人想做，敢做，不怕挫折，總會有成功的一天。

作為二十幾歲的年輕人，如果真的對自己的人生負責，就可以接受自己的失敗，不能接受自己不去嘗試。不嘗試，是百分之百的失敗；嘗試了，就有百分之五十的成功。有百分之一的成功機率，就要做百分之九十九的努力。年輕人沒有失敗，只有暫時的不成功。即使真的失敗了，也只是證明我們不適合做這件事。

別等下一個機會，只拚眼前這個機會，大不了從頭再來！

蒼蠅採蜜的原因

與魔鬼在一起，你無法成為天使；和天使在一起，你無法成為魔鬼。根本用不著學什麼技能。

——張禮文

蒼蠅和人類是什麼關係？可以說是不可共存的關係。人類之所以討厭蒼蠅，是因為蒼蠅生於垃圾之中，與病毒和細菌為伍，只要有一絲機會，就會無孔不入的把病毒和細菌帶給人類，這似乎是牠活著的唯一目的。

我們都在想盡一切辦法來對付蒼蠅，讓牠們從這個地球上消失。我們用了各種化學和物理的辦法，可是對蒼蠅超級的繁殖、生存能力來說，人類做的這些，都是無濟於事。

然而，在澳洲，可惡的蒼蠅卻被人類改變了，成為和蜜蜂一樣的昆蟲，為人類釀造花蜜，為莊稼和花木傳播花粉，造福整個澳洲。澳洲人為了感謝蒼蠅這個朋友，把牠的照片印在五十元面額的澳元上。

為什麼蒼蠅發生改變呢？因為牠有澳洲人這樣的朋友。牠的這些朋友太愛乾淨了，他們把整個國家變得非常乾淨，從城市到鄉村，從平原到高山，從河流到大海，所有能藏汙納垢的地方都消失了，變成舉目是藍天白雲，放眼是鮮花綠地的大花園。

蒼蠅只有在骯髒的地方才可以繁殖，澳洲已經沒有任何地方為牠們提供這樣的環境，整個國家找不到一個骯髒惡臭的地方。生活在垃圾堆裡的蒼蠅，只有兩種選擇：一是消失，二是改變。

在澳洲，蒼蠅為了生存選擇了改變，只有改變，牠們才得以生存。改變壞習慣是痛苦的，牠們忍受巨大的痛苦，拋棄幾千萬年形成的惡習與嗜好，嘗試著改變自己的飲食和生活環境。為了生存，經過多次痛苦的嘗試和練習，牠們終於找到適合自己的食物——植物漿汁。剛開始蒼蠅並不喜歡吃那種東西，但是在無比乾淨的澳洲人面前，只能邊咒罵邊吞咽著，並且嘗試著喜歡它們。

經過長時間與澳洲人相處，骯髒無比的蒼蠅完成牠們的進化，醜陋轉變為美麗，骯髒幻化為潔淨，低賤昇華為高貴。和澳洲人在一起，澳洲的蒼蠅從被人想辦法消滅的昆蟲，經過一次次的改變，漸漸的變為人們尊重、喜歡的小天使，受到人們的青睞和尊崇。

澳洲的蒼蠅為澳洲國民的美好生活做出巨大貢獻，為了感謝牠們辛勤的工作，澳洲人把蒼蠅當作是一個國家的驕傲和自豪，把牠的圖像印在面額五十元的澳元上，世世代代感謝牠們。

蒼蠅能做出這樣巨大的改變，唯一的原因是牠們在澳洲與愛乾淨的澳洲人在一起，否則牠會繼續與骯髒為伍，繼續做著齷齪的事，繼續被人類捕殺。由此看來，一個人處在什麼樣的人群當中，就很容易變成什麼樣的人。

朋友和同事，就是我們生活中最重要的人文環境。他們提供給我們什麼樣的環境，我們就很可能成為什麼樣的人。有一句話說得好：「觀其友，知其人。」就是說，你的朋友是什麼層次的人，你也和他們差不多。

二十幾歲的男人，來到五彩繽紛的社會上。這是一個有很多誘惑和欺騙，爾虞我詐隱匿於堂而皇之與推心置腹之間、附會於富麗高雅之上的社會。有的真人演假戲，有的偽者扮惡角，真真假假，不是涉世未深的年輕人能分辨清楚的。

二十幾歲，是人生開始轉變的時候，我們轉變成什麼，和我們與什麼人在一起有直接關係。因此，要有選擇的交朋友。朋友，不僅能帶給我們快樂和幸福，也能帶給我們災難

和毀滅。

交友，不能亂交，更不能濫交。不要相信「出淤泥而不染」，二十幾歲的年輕人根本做不到，因為學壞比學好要容易得多，壞習慣比好習慣更有誘惑。

二十幾歲的男人，對身處的環境，一眼就能看出好壞。但是年輕人對自己的朋友，鑒別的能力就不是很高。二十幾歲的男人選朋友，大部份取決於彼此的性格、愛好，在一起是不是談得來，主要還是看對方講不講義氣。只要兩個人在一起舒服、愜意、投緣，就很容易到為其兩肋插刀的地步。

年輕人交朋友，憑的是感覺，只要自己感覺好就可以。遺憾的是，在社會上，我們一次一次的被自己的感覺欺騙。跟著感覺走，是一種瀟灑，但是瀟灑的背後，可能就是用一生來償還的代價。

朋友，是在無形中改變我們的巨大力量。

自己的許多嗜好，很多是朋友給我們的，例如吸煙、喝酒、打麻將、各種體育運動，甚至還包括賭博、吸毒……

在二十幾歲的時候，朋友就是我們的資源。

朋友能為我們帶來什麼，我們剛開始都意識不到。意識到的時候，往往是被朋友帶入險境的時候，一切都太晚了。

所以，作為年輕人，交友一定要慎重，不能只靠感覺。朋友就是我們的資源，就是我們的嚮導，他們會把人變成天使，也可能變成魔鬼。在朝夕相處的朋友之中，別說自己抵抗誘惑的能力有多強。

一句「給我面子」，一句「你真夠意思」，就可以讓二十幾歲的我們，在很多地方迷失方向。

二十幾歲的年輕人，識別朋友，應該記住以下幾點：

- 他們接觸的人是什麼樣的？
- 他們的生活背景和追求目標是什麼？
- 他們經常做的事是什麼？
- 他們經常讓你做什麼？
- 他們與自己想成為的人一樣嗎？
- 社會對他們的評價是什麼？
- 如果和這些人在一起，他們能為我們提供什麼幫助？

男人不能沒有賭性，一生之中總要賭一次。適合我們賭一次的時間，就在我們二十到三十歲之間。

第三章：我們拿這十年做什麼？

二十到三十歲，十年，一百二十個月，五百二十一個星期，三千六百五十天。

在二十歲的時候，會覺得這十年很漫長；在三十歲的時候，才知道這十年是彈指一瞬間。

這十年，是人的一生中的唯一的春季。我們知道沒有播種就沒有收穫，但是在這個季節裡，很少有人知道播種什麼，怎麼播種。

是我們荒廢了這十年，還是這十年拋棄了我們？

這幾乎是很少有人想過的問題——我們要拿這十年做什麼？

愛上背上的壓力

世界上最好的汽車，如果沒有汽油，也是一堆鏽跡斑斑的廢鐵。

——張禮文

有一個美國人，從小練鋼琴，但是並沒有在鋼琴方面取得好成績，為了謀生，他只能在城市裡的各個酒吧，為酒吧裡的客人彈琴，賺點小錢。他也不喜歡這樣的工作環境，可是他認為自己除了彈鋼琴以外，什麼事都不會做。

有一天晚上，他在酒吧裡彈琴，有一個粗俗不堪的客人似乎有意讓他出醜，說自己實在不想聽他彈琴，想聽他唱歌。

那個鋼琴師從來沒有唱過歌，他認為自己五音不全，所以非常委婉的推辭，並且表示歉意，可是那個財大氣粗的客人就是要他唱歌。

酒吧的老闆不願意得罪自己的客人，於是他朝著鋼琴師大喊：「你要是想拿到薪水就唱，否則滾蛋！」

哪一邊他都惹不起，沒辦法，他唱了他生平的第一首歌。他用自己獨特的發音方式唱歌，唱完之後他才發現，自己唱歌的聲音竟然是那麼獨特。從那天以後，他開始嘗試著去唱歌，最後他成為美國家喻戶曉的著名演唱表演藝術家，他就是奈特・金・科爾。

人都說最瞭解自己的人是自己，但是在二十幾歲的時候，真正知道自己能做什麼的人，幾乎是微乎其微。就算是已經成功的人，也是在他們二十幾歲的時候，透過不斷的嘗試、調整，最後找到與自己天賦相吻合的、最適合自己做的事，然後創造屬於自己的一片天地。

事實上，並不是每個人都可以做自己喜歡做的事，原因就是我們不知不覺的被別人安排。父母的安排、老闆的安排，更多的時候，是我們自己對生活的一種妥協。在很多時候，生存比發展更重要。

二十幾歲的男人，大多數人並不知道自己可以做什麼，適合做什麼，往往是自己做了才知道自己能不能做。人性的弱點之一就是，一個人一旦習慣一個環境、團隊的時候，就很難再做出實質性的改變，畢竟，野心勃勃的人不多。

奈特・金・科爾知道自己不會成為一名出色的鋼琴家，但是他認為，自己除了靠彈鋼琴賺錢之外，沒有其他生存的技能，只能在酒吧裡為客人彈鋼琴。要不是那個粗俗的傢伙想讓他難堪，老闆逼他只能做兩種選擇，他一定還不知道自己有唱歌的天賦，聲音那麼有特色。

看來，二十幾歲的男人，在沒有人逼自己的情況下，自己也要逼自己，不要說自己不行，多去嘗試陌生的行業，或許還可以發現自己的另一種本事。

人都會對陌生的環境、行業存在恐懼感，不到萬不得已不去嘗試。不要因為喜歡才去做，任何事只有接觸才會熟悉，才會產生愛。

小張是一個環境保護的研究員，才三十多歲，已經主持過很多大型的研究會議，並且取得豐碩的研究成果，現在小張已經是在環境保護的領域中，表現非常傑出的年輕科學家。他的學生，有的已經是英國劍橋大學的教授。看到他現在取得的成績，我們一定會認為他向來都是一名優秀的人，但是事實上他並不是。

小張考大學的時候，由於沒有考好，最後只考上一所三流大學的化學系。他的化學成績是最差的。看著學長、學姐畢業後找不到工作的樣子，他認為自己已經徹底被社會拋棄。於是，他不再努力，上課時無精打采，聽課時心不在焉，經常蹺課、喝酒、打電動、交女朋友，用混一張大學畢業證書的想法來打發日子。

他的系主任是一個老教授，見小張這樣混日子，經常勸他應該好好讀書。小張回答說：「在這個沒有人知道的爛大學，成績好壞都是一樣。我已經不期望拿著這個大學的畢業證書，在這個就業困難的時代，在社會上和其他人的競爭中取勝，因為我已經來不及了！」

系主任笑了笑說：「對二十幾歲的人來說，任何預言和判斷都可能出錯，甚至會得到相反的結果。我不想和你爭論。不過，下午有時間的話，你到我家，我想請你幫我一個忙。」

傍晚的時候，小張來到系主任家裡。他沒想到的是，系主任僅僅想請他陪自己去買豆芽菜。

滿臉狐疑的小張跟著系主任，來到菜市場一家賣豆芽菜的攤位前，系主任問小張：「我們要買這家的豆芽菜嗎？」小張仔細看了看那家攤位上的豆芽菜，又細又長，還帶根鬚，買菜的人看了都搖頭。那家的豆芽菜儘管再便宜也沒有人買。小張搖搖頭，示意到另一個攤位看看吧！

在另一個賣豆芽菜的攤位前，小張發現這家的豆芽菜短壯鮮嫩，且無根鬚，購買者眾多，系主任也在這個攤位買了一些豆芽菜。

回家的路上，系主任問小張：「為什麼兩家的豆芽菜會不一樣呢？」小張想都沒想，回答：「產品的好壞取決於生產設備、生產技術和豆子的品質好壞。這就像我們學生，同樣一個人，畢業於知名大學和非知名大學，在社會上會得到不同的認可。」

系主任沒有和他爭辯，又把小張帶到這兩家生產豆芽的工廠。又讓小張感到驚訝的是，這兩家的生產設備、技術、選料、營養配方居然是一模一樣的。這是為什麼？自以為聰明的他找不到答案了，在相同條件下，生產出來的豆芽，品質為什麼差異巨大呢？

系主任指了指另一家豆芽生長器上壓著的一塊石頭說：「那就是唯一的答案。」系主任接著說：「我們的學校不是很好，但這不是你學習的終點，你還是可以去讀知名學校的碩士和博士。但是現在能做的，就是把知名大學的碩生、博士這兩塊石頭放在自己的背上，逼自己向前走，把自己培養成優質的豆芽菜！」

二十幾歲的男人，不怕一無所有，就怕撐不死、餓不著，守著棄之可惜、食之無味的雞肋。守著雞肋不甘心，扔下雞肋也捨不得，前進怕有狼，後退怕有虎。

我們在二十幾歲，不但要有青春，還要有熱血；不但有理想，還要有作為。最重要的是自己可以隨時給自己一點壓力。我們有近十年可以嘗試的時間，這十年裡，一團泥巴，

透過我們不斷的學習和充實，可以把它捏成價值連城的藝術品。

因為年輕就是資本，大膽去嘗試，即使不成功，我們輸掉的不過是從起點又回到起點，贏得的可能是連自己都想像不到的另一個自己。

有多少人知道你

有一個老闆欣賞你，你的月薪是兩萬；有十個老闆欣賞你，你的月薪是二十萬。

——張禮文

有一塊金礦，經過多年河水的沖刷，終於成為含金量為九十九．九九％、重達三公斤的黃金。這塊黃金如果在市場上，價值為一百多萬元；如果在一名手藝精湛的黃金雕塑大師手裡，經過加工，它就是一件無價之寶。

遺憾的是，它不在市場上，更沒有在大師的手裡，而是在荒無人煙的地方，與一堆石頭在一起。在這裡，它與那些石頭沒有任何區別，只能悄無聲息的躺著，任飛禽走獸在自己的身上排泄糞便。

這塊黃金聽說過一句話：是金子總會發光的。自己是足金，只要耐心的等待，總會有一天，自己會被人們發現，證明自己的價值。

這塊金子等了十年、二十年、五十年、一百年……一晃眼，一千年過去了，卻依然沒有一個人來到這裡，儘管人們利用各種手段尋找黃金。

最後，這塊金子絕望了，它能做的就是哭泣。它想透過自己的哭聲，得到石頭的同情和認可，也希望它的哭聲可以引來淘金的人。

金子不停的哭，讓它身邊的大石頭感到非常厭煩，大聲的喝斥它：「你這塊討厭的石頭，不好好的睡覺，哭什麼啊？」金子哽咽著解釋：「不，我不是石頭，我是金子，是一塊人人都想得到的價值連城的金子。我經過幾千年的努力奮鬥，終於使自己由一塊礦石變成一塊金子，來到這裡已經一千多年了，卻仍然沒有人發現我，你說我能不悲哀嗎？」話一說完，它的哭聲更大了，它沒想到和這些石頭在一起待了那麼多年，它們竟然以為自己和它們一樣，是一塊普通的石頭。

大石頭聽金子這麼一說，才仔細的打量它，果真是一塊貨真價實的金子，儘管身上被鳥獸的糞便、泥土大面積的遮蓋，還是可以看到耀眼的光芒。

大石頭看它可憐，就安慰它：「你的前途是遠大的，是金子在哪兒都會發光的。總有一天，會有一個人發現你的價值。不過你必須擠到外面，把身上的糞便泥土洗乾淨，還要大聲吆喝自己是金子，才有可能被人們發現！」

金子瞧不起大石頭，心想：你是一塊石頭，有什麼權利對我比手畫腳？再說，你們都是幾噸、幾十噸的傢伙，我能擠得出去嗎？於是，金子覺得和石頭沒有共識，不理石頭了，它在原地依然哭泣、歎息。

大石頭看金子很可憐，也很傲慢，於是長歎一聲，翻身睡覺了。

不久，天降大雨，山洪爆發，金子和其他石塊隨著洪水滾滾而動，最後落進河床上的一個大坑裡，被後來的泥沙、石塊，還有各種垃圾，深深的埋在這個幾十公尺深的大坑裡，它無法喘氣，也哭不出聲音。

從這個故事可以看出來，一個人只有才華是沒有用的，有才華沒有人賞識沒有用，沒有機會施展自己的才能，就會和這塊金子一樣，價值與石頭沒什麼區別。

一塊金子也好，一個人也罷，其價值完全表現在「用」上。沒用，就沒有價值。有人用的前提，就是要有人知道。那塊金子最大的悲哀，就是沒有人知道那裡有一塊三公斤重的黃金，最後和垃圾、泥土一起，被埋進大坑，或許永無面世的機會。

二十幾歲的男人，最擔心的是什麼？恐怕是英雄無用武之地，遇不到賞識自己的伯樂。公司聘請員工，是看經驗和過去的業績，可是我們連工作的機會都沒有，哪裡來的業績？

在自己喜歡的行業裡，有好多事是自己可以做，而且會做得很好，但就是沒有人讓自己做，連讓自己嘗試的機會都不給。去那些公司應徵，能耐心的把自己的履歷看完，能心平氣和的聽自己把話說完的人，少之又少。

為什麼會這樣？因為我們是這個行業裡的無名小卒，根本沒有人知道我們是誰，有多大的能力，能做什麼，所以沒有人重視我們、培養我們，不給我們證明自己價值的機會。對我們二十幾歲的人來說，這就是那個名叫惡性循環的大坑。我們在坑裡哭都哭不出來，即使能哭出來，也沒有人聽得見。

這是一個令年輕人無比悲哀的事實！作為二十幾歲的人，應該怎麼做？很簡單，在我們注重自己能力培養的同時，不要忘記宣傳自己。在資訊社會中，不懂得宣傳自己的人，就無法成就大事。我們必須要更多人知道我們是誰，能做什麼。

在這兩年之中，靠著宣傳自己而一夜成名的人，實在是太多了。這些人靠電視、網路等途徑，宣傳了自己，短時間內讓更多人瞭解自己，於是他們成功了，成名了。

二十幾歲的人，普遍的認為只有國家頒發的證書才能證明自己，因此不停的耗用精力、財力去考各種的證照。但是，一旦考試成為某機關賺錢的手段，老闆用了很多有證照卻沒有能力的人之後，證照，就什麼都無法證明。

因此，作為一名年輕人，意識到宣傳自己的重要，就一定要透過各種管道，利用各種方式，想出各種手段宣傳自己，讓更多的人關注你、瞭解你、知道你，你的才華、能力和價值才會有機會展現。

那麼，二十幾歲的人，要怎麼宣傳自己呢？

- 練就真功夫、真本事，的確有能力幫助別人解決問題，或者把自己修煉成搖錢樹。
- 確定自己的能力在什麼地方發揮，威力會最大。
- 與熟悉的人建立良好的關係，留下不錯的評價，使他們願意向認識的人提起你。
- 隨時關注自己喜歡行業的資訊，想辦法參加那個行業的各種活動，以便初步接觸那個行業的人。
- 印製自己的詳細資料，寄給能給自己提供機會的人。
- 積極參加自己喜歡的行業所舉辦的各種比賽、競賽和選拔賽。
- 參加關於那個行業的學習課程，學習不是目的，目的是結識一起學習的人。

- 充份利用免費的網路，把自己的知識、見解，對行業的分析、預測寫上去，讓更多人關注。
- 勇敢的推薦自己。
- 珍惜每一個與自己新結識的人，並且給他們留下好印象。

總之，想盡一切辦法讓更多的人知道你、瞭解你，讓他們遇到問題時能想起你。記住，你需要的就是一次證明自己的機會。

滿足成為年輕富翁的條件

有條件一定要成為富翁，如果沒有條件，創造條件也要成為富翁。

——張禮文

有一些條件，我們具備了，也不一定會成為富翁，但是，這些條件我們不具備，就根本不可能成為富翁。

發財致富，不是我們年輕人努力的全部，但是我們努力工作、奮鬥、付出和奉獻的結果，可能就會讓我們擁有名氣、身價、財富和地位。這也是我們每一個人渴望獲得的，不論在什麼領域做什麼事。

在經濟社會，錢不是萬能的，但是沒有錢卻萬萬不能。錢無法證明一切，但是做事的結果往往還是靠錢的多少來表現。只要把賺來的錢花在正確的地方，有錢總比沒有錢好。

財富不是在別人的口袋裡，而是在社會上的每一個角落，任何人都可以拿到。誰拿到社會上的財富，誰就可以改變自己的人生，改變家人的生活品質，甚至可以給需要幫助的人最有力的幫助。

作為二十幾歲的男人，在社會上，什麼地方不需要用到錢？稍微誇張一點的說，有錢走遍天下，有人情、有面子、有能力；無錢寸步難行，沒尊嚴、沒保障、沒機會。

沒有錢是二十幾歲的男人最尷尬的事，所以每個人都想成為有錢人，最好是富翁，有存款，有名車，有豪宅，有漂亮的女友。

錢就在社會的每一個角落，拿到手卻沒那麼容易。因為人人都想得到，獲得的過程中，必然存在著激烈的競爭，實力、勢力的較量，關係、人脈的比較，智慧、運氣的搏殺，最終歸勝利者所有。

二十幾歲的男人，如果父輩沒有可利用的資源，剛進入社會的時候一定是一個弱者，有的可能就是美好的理想，一股敢衝敢拚的勇氣，一紙能證明自己接受教育程度的文憑，但是僅僅靠這些，只能讓我們找到一個普通的工作，賺有限的錢，並不能使我們成為富翁，不能徹底改變我們的生活和命運。

成為富翁是有條件的，只有具備這樣的條件，有夢想的年輕人，才能最大限度的挖掘自己的潛力，最大限度的創造財富。

二十幾歲的男人，如果想成為富翁的話，就必須讓自己具備成為富翁的條件，否則，三十歲以後的你，依然去賺錢或者走在賺錢的路上，變成為了錢不停運轉的機器。

成為富翁需要哪些條件呢？透過眾多國內外的勵志專家，不斷的對各地富翁成功經歷的總結歸納，總結出以下十個條件，可以供年輕朋友參考，看看自己已經具備哪些條件。

必須要為自己工作

能成為著名或者頂級的專業經理人，也可以成為富翁，但是這樣的人少之又少。在別人的公司裡工作，即使年薪再高，待遇再好，賺的錢也是有限的，成為有錢人可以，成為富翁的可能性不大。

作為年輕人，一旦甘心從別人的口袋裡拿錢，就會把自己的人生，埋沒在公司等級的階梯之上，失去突破、冒險、奮鬥的動力。把自己陷於別人限定的地方，想要長大都非常困難。

做自己喜歡的事

能做自己喜歡的事很難，為了生活我們不得不放棄，但是並不是我們一輩子永遠也無法做自己喜歡的事。只要經濟條件允許，還是應該做自己喜歡的事。

只有做自己喜歡的事，才會讓自己的聰明才智、情趣愛好與所做的事高度吻合，才會不吝嗇自己投入的時間、金錢和精力，深入研究和運作，成功的機率才會提高。

不要受自己大學專業的限制

工作靠專業，創業靠天賦。我們在大學裡學的專業，是在我們對它知之甚少的情況下，有的是父母老師幫助選擇的，有的可能就是自己的選擇。因為不可改變，或者改變的代價太大，為了一紙文憑，我們才不得不讀。

每個人都有天賦，只是遭到扼殺、埋沒的程度不同而已。大學教育只不過是讓我們學會如何學習、如何思考。我們能做的事有很多，如果把自己限制在自己所學的專業之內，就會大大降低成為富翁的機會。

天賦，會讓我們獲得不可估量的能力。

隨時注意人們的需要

錢就在人們的口袋，用來滿足他們的需要。誰先發現他們的需要並先去滿足，並且做到讓他們滿意，他們就會把錢交給誰，誰就可以成為富翁。

珍惜自己每一個想法

有夢想、有追求的男人，每一天都會產生新的想法。有的想法能保持多年，有的想法轉眼即逝。想要讓自己成為富翁，就請你珍惜和重視自己的每一個想法，不要說那些想法不切實際，一切都有可能。世界上有很多新事物，都是被人們認為是瘋子的人發現的。

有了一個新奇大膽的想法，就要積極想它可行的一方面，不要去想它不可行的一方面，對其進行仔細、認真的整理和推斷，然後去實驗和考察。這個想法，就有可能是我們撬起地球的支點。

快速接受新事物

社會上每一天都會有新奇的事物發生，但是因為人性的弱點，很多人對新奇的事物的接受並不是那麼迅速，甚至是抵觸和排斥。想要成為富翁，不但要快速接受新事物，還要想辦法服務於新事物。

任何時期的富翁，都引導著一個時代的潮流。人們生活的原始期望就是越來越好，改變別人的生活方式，更換別人的生活理念，讓人們用最簡單、方便、舒適的方式去生活，在此過程中，我們就可以獲得大筆的財富。

最先把握社會發展動向

社會每一次重大的改變，都是對社會成員的角色進行重組和調整，對財富進行重新分配。識時務者為俊傑，抓住社會向前發展的新時機，就可以創造一番大成就。

隨時關注國家新聞，國家領導人的講話，認真學習國家新的方針政策，整理出自己尋找的資訊，就等於發現潛在的機會，迅速準備，就能抓住一個發財的好機會。

比一般人多付出一百倍的努力

要怎麼成為富翁？就是在同一時間比別人多做一百件事。別人在玩樂的時候，你在工作；別人在約會的時候，你在研究；別人在酒桌上，你在公司裡。

財富的基礎是由心血、汗水、智慧、奮鬥搭建的。沒有這些，即使有財富也是過眼雲煙。想要比別人多一百倍的財富，在財富的累積中，就要比別人多付出一百倍的努力。財富是屬於勤奮並且忙得有價值的人。

儘早承認失敗，另闢蹊徑

並不是任何人做任何事都適合，不適合的人做不適合的事，一定會失敗。雖然說失敗是成功的臺階，但是也要看看這個臺階是不是搭建在成功的方向上。

和平社會中的人生，沒有一塊不可失守的陣地。明知道，靠自己現在的力量無法堅守陣地，拚盡全力也是枉然，何必在沼澤裡掙扎呢？

失敗可以，但是不能讓失敗把我們變得一蹶不振。

不能做什麼都為了錢

富翁擁有的是財富，而不只是錢，錢只是財富的一部份。如果你認為有錢就是富翁，把所有注意力集中在錢上，沒有錢的事不做，有錢的事都做，那麼，你不但無法成為富翁，反而會成為錢的奴隸。

一個人，透過不斷的為社會、他人創造物質財富和精神財富，才可以使自己變成富翁。在這個過程中，學會如何發現財富、創造財富，到最後如何駕馭財富。單純為了錢，一定會被錢驅使和駕馭，我們就會離富翁越來越遠，離囚徒越來越近。

讓計畫服從變化

不做計畫讓人無所適從，死板的執行計畫讓人發瘋。

——張禮文

古時候，有一個漁夫，是捕魚的高手。他有兩個習慣，一是出海前去市場一次，看看什麼海鮮價錢最高，就確定捕捉什麼；第二個習慣就是一旦確定捕捉什麼，就會嚴格執行自己的計畫，不做任何改變，寧缺毋濫。

這年春天，市場上的墨魚供不應求，價格比往年貴一倍。於是，漁夫計畫這一次出海全部捕捉墨魚，想要發一筆大財。

他出海幾天之後，下了幾次網，撈上來的卻全是螃蟹，可是市場上的螃蟹價錢還不如墨魚的三分之一。不，一定要打撈墨魚。在海上幾天之後，由於缺乏食物，他只好返航，空手而歸。

回到岸上，到市場上一看，漁夫差點暈過去。半個月前，價格昂貴的墨魚已經快堆滿市場每一個角落，價錢還不到他出海前的四分之一，螃蟹卻少之又少，其價格已經比他出海前的墨魚還要高。漁夫想想自己扔回海裡的螃蟹，後悔不迭。他下定決心，這一次出海，一定要多帶一些食物，一定要多到幾個地方下網，就不信憑著自己多年的經驗，捉不到螃蟹！

這一次出海，他只注意是不是有螃蟹，然而看到的卻全是墨魚。想想市場上那麼多墨魚，捕捉墨魚運回去，還不夠補貼油錢。一定要捕捉到螃蟹，他一邊發誓，一邊在海上漂蕩，可是看到的除了墨魚還是墨魚。

本來還想在海上多待幾天，多到幾個地方，但是食物又沒了，他只好返航，又一次無功而返。上岸之後，到市場上看，發現螃蟹價錢也不是那麼高，墨魚的價錢也不是那麼低，不過在市場上都賣得不錯。於是，他再一次調整他的捕捉計畫，下一次出海，無論是螃蟹或是墨魚，他都要捕捉。

第三次出海之後，漁夫嚴格按照自己的計畫去捕捉，可是這一次，螃蟹和墨魚他都沒看到，看到的都是蝦子。這一次出海，又是空手而歸。

漁夫沒有趕上第四次出海，他在自己的誓言中，饑寒交迫的死去。

西元一世紀，歐洲有一句著名的格言：「不容許調整的計畫不是好計畫。」中國也有一句俗語，叫做「計畫趕不上變化」，這兩句話儘管意思不同，但是道理是相同的：我們在做事前應該有一個目標，根據目標制定近程、遠程的計畫，逐步施行。但是，我們還要根據自己的實際情況，及時修正和調整自己的計畫，合理的決定自己應該放棄什麼，選擇什麼。

二十幾歲的人，是有夢想的人，為了自己的夢想也會制定很多自己認為完美的、不可更改的計畫和行動。很多人都說二十幾歲的男人，在二十到三十歲期間，一定要對這十年有一個具體的規劃，但是，這個規劃並不是一成不變的。因為這十年中，社會會發生變化，人們的需求會發生變化，我們的能力和實力也會發生變化。

這個社會既複雜又轉變迅速，新事物不斷產生，舊事物不斷消失，因此，我們從制定目標的那一刻起，就必須隨時準備面對出乎意料的情況——這些情況讓我們走向連自己都想不到的地方。

既然我們的計畫要不斷的改變，我們為什麼還要根據自己的目標制定計畫呢？因為通往成功的任何一條道路都是迂迴曲折的，從起點到終點不可能是完全筆直的直線，路上還有許多充滿誘惑的十字路口，讓我們不知道應該何去何從。

二十幾歲的年輕人，一旦沒有目標，就會迷失方向，既會看不清來時的路，也選不對應該走的路。

二十到三十歲，不變的計畫比沒有計畫更糟糕。這句話包含兩層意思：一、我們制定的計畫會受到很多變化所影響，而一些變化我們無法預料得非常精準；二、我們必須具備調適能力，能夠隨時修正、改進自己的計畫。

當我們準備進入社會的一剎那，就要有一個明確的目標，目標確定之後，還要提醒自己，這個目標是可以調整的，依照目標所做的計畫是可以改變的。應該如何正確的調整自己的目標和計畫呢？調整目標改變計畫要遵循哪些原則呢？

及時修正計畫，不能輕易改變目標

二十幾歲的人，有一個難以避免的問題，就是很難抵抗來自社會上各方面的誘惑，一旦被誘惑，就會輕易的更改計畫，並且把向誘惑妥協當成自己的習慣，進而輕易的改變自己的目標。

短時間內隨意的改變目標，會讓我們一次次的從頭再來，導致我們在十年內一事無成，一無所獲。人生大目標一旦確定，就不可輕易更改，尤其是一生的目標。

目標是刻在水泥上的，計畫是寫在沙灘上的。實現任何一個目標，都是由實現若干個計畫組成。

計畫在天時、地利、人和、運氣同在的時候才會實現，如果不具備這些條件，就要隨時調整自己的步驟。

調整實現目標的期限

任何一個計畫，都會有達成的期限。如果調整一個短期實現計畫的辦法，還無法實現的話，就要根據實際情況，把實現計畫的時間延長，但是延長的時間應該有限度。

如果在延長期限內無法完成，也許靠我們的力量真的無法實現，就要放棄這個計畫。把目標稍微調整，另外再制定新的計畫。

降低計畫的難度

我們樹立了目標，希望目標馬上實現，就會不自覺的擴大計畫的長度和寬度，這在無形中會增加我們完成計畫的難度，導致我們盡全力也無法完成。這時候，就需要我們把這一計畫分解，由容易到困難，由小到大。

我們因為現實的殘酷、運氣不佳、能力有限、獲得的幫助不夠，不得不降低計畫的難度。降低計畫的難度不是放鬆對自己的要求，而是讓自己換一種思維，去考慮和審視自己的計畫，選擇自己可以掌握的辦法，向目標靠近。

放棄目標

放棄原來的目標，也是實現另一個目標的重要部份。放棄本身就是一個殘酷的現實，意味著我們以前所有的努力都付之東流，自己仍然一無所獲。

一些目標，是因為我們誤解而選擇，因為瞭解而放棄。一個人的資本、資源、能力都是有限的，想做的事太多，能做成的又太少。一旦我們鎖定的目標，無論怎麼努力都無法實現，就應該果斷的放棄，重新設計自己的目標。

我們當初想挖到黃金，但是現在我們只能去找鑽石，那麼，找到鑽石也未嘗不可。這個世界根本就沒有失敗，只有暫時還沒有成功，或者以另一種方式成功。

我們拿這十年做什麼

聽我的沒錯，但是想要從我這裡獲得醫治百病的藥方，絕對是錯的。

——張禮文

一個非常成功的女企業家，經營著醫藥、房地產、運輸等幾個大型企業，並且都有不錯的成績，現在有十幾億的資產。

當記者問到她在二十到三十歲，這人生最關鍵的十年做了什麼的時候，她微笑著說：「那段時間，我在計畫用十年救活我自己！」

原來，這位企業家當初最大的願望就是當一名幼稚園教師，高中畢業後，順利的考上了大學。在她二十歲的時候，就已經成為一家大型幼稚園的教師。

就在她為了自己的理想得以實現而高興，並且準備努力工作的時候，死神卻把罪惡的手伸向這位年輕、漂亮、單純、善良的小姐，她患了一種只有百萬分之一的機率可以治癒的病。那時，醫學界根本沒有治好這種病的先例，也沒有治療的有效藥物。醫生斷言，屬於她的時間最多只剩十年。

她說，二十歲的時候，她已經制定一生的計畫——要成為這個城市，乃至全國最優秀的幼兒教師，創造一間符合國情、先進的兒童教育方法，並且在全國推廣，她將成為年輕父母愛戴的兒童教育專家。這是她一生的目標，然而，屬於她的時間僅有十年，顯然，這十年她無法完成這個計畫。

只有十年，自己要用十年做什麼呢？

她沒有感歎自己的命運如此多舛，而是告訴自己，在這十年中，要靠自己的力量挽救自己的生命，讓自己再多活幾十年。於是，她為自己制定一個十年計畫，在堅持給孩子上課之餘，開始研究中醫和草藥，利用中醫的方式，解決這個醫學界的難題。

對於這個計畫能否實現，她並沒有把握，但她確信的是，這是她唯一覺得完美而有意義的計畫。等她到三十歲的時候，她已經是非常健康的人，並且還是遠近聞名的中醫。

從二十歲到三十歲，可以說是彈指一瞬間的事。十年的時間，就像日出日落那麼簡單，就在我們來不及思考和行動的時候，它已經與我們擦肩而過。很多人在這十年裡，似乎什麼都沒做，什麼都沒做好。

為什麼呢？因為他們在二十歲的時候，根本沒有想過要用這十年做什麼，怎麼去做。《如何掌控你的時間與生活》一書的作者拉金說過：「**一個人做事缺乏計畫，就等於計畫著失敗**。有些人每天早上計畫好一天的工作，然後照此實行。他們是有效的利用時間的人。平時毫無計畫、得過且過的人，生活只有『混亂』二字。」

想想我們是不是這樣？如果是這樣，就趕緊給自己一個目標，並且迅速確定要實現這個目標，今天應該做什麼，今年應該做什麼……馬上去做，千萬不要說「還來得及」。目標不是一天、兩天可以實現的，但是時間就是一天、兩天這樣過去的。一個人要提高自己做事的效率，就要養成善於規劃的好習慣。

我們不要把自己的目標定得太大，這十年要擁有多少資產，開多大的公司。十年的目標，定得太大，容易讓我們因為覺得遙不可及而放棄。不妨把目標定得低一點，例如，在十年中，存下多少錢，每個月要存下多少錢；在公司晉升到什麼位置，年薪應該達到多少；要取得什麼學歷，在行業裡有多高的身價。

實在不行，就告訴自己，在三十歲的時候，想要買一輛什麼車，買一間什麼房子。

作為一般人，我們應該怎麼決定自己在二十到三十歲該做什麼呢？

- 確定自己是從政還是經商？從事科技研究還是藝術？
- 想進入什麼圈子？
- 三十歲時，想獲得什麼職位和身價？

把這三個問題想清楚，然後再根據自己的實際情況，做以下的分析。

- 繼續學習，獲得碩士和博士學位？還是先工作，在工作中繼續學習？
- 考什麼大學的什麼科系？找一份什麼工作？
- 如果是工作，應該去什麼公司？如果那家公司不聘請我，我應該選擇什麼公司？
- 瞭解自己喜歡的公司的需要。
- 為了進入那家公司，自己應該做什麼準備。

不是公司不需要我們，是我們不瞭解公司的需要。我們只知道自己需要什麼是不夠的，還要瞭解自己喜歡的公司需要什麼人才，自己能否滿足他們的需要。

現在二十幾歲的年輕人，之所以沒有確定在三十歲的時候可以做什麼，是因為還不知道自己現在可以做什麼。現在不是我們選擇工作，而是工作選擇我們。計畫沒有變化快，小時候我們想當科學家，拯救全人類，可是長大了卻發現自己連自己都無法拯救。

年輕人總是認為自己可塑性強，一旦制定計畫，並且按照計畫執行，很可能會錯失其他的機會。與其確定，還不如走一步看一步，隨時保持機動性。

這個社會每天都有成功的典範，每一個成功的典範都值得我們模仿。如果一個人不知道自己應該做什麼，可能什麼都會模仿。今天看小張做這個賺了錢，自己也去做；明天看老李做那個賺了錢，也跟著去做……結果只有一個，什麼都做過，什麼都沒做成功。到三十歲的時候，不僅生存有問題，而且沒有一條自己可以走的路。

當我們站在二十到三十歲這十級臺階上時，一定要問自己，我們拿這十年做什麼？不要覺得這個時候做什麼計畫都還早，也不要覺得計畫是一種對我們的束縛與管制。**這十年，我們應該做什麼或是不應該做什麼，並不是由計畫決定的，而是由我們面臨的不斷變化決定的。**正因為這個社會誘惑太多，變化不斷，所以我們才要計畫。

確定自己二十到三十歲的計畫，這個計畫應該建立在瞭解自己、瞭解時代需要的基礎上。只要我們認真執行自己的計畫，每天進步一點點，等我們三十歲的時候，即使沒有取得顯赫的成功，但是也會有一條比較好走的道路。

有了計畫，就可以為實現這個計畫，認真的準備。準備越充份的人，時代給他的機會就會越多。二十到三十歲，我們也許只需要一個機會，就可以徹底改變自己的人生。

完成破繭成蝶的過程

在什麼公司，就有什麼身價。

——張禮文

從前，深山裡有一塊鐵，在強大外力的撞擊下，被分成六塊，落在六個不同的地方。每塊鐵都不甘心就這樣在深山裡被腐蝕成鏽，一點點的爛掉。它們夢想著有一天，自己可以被人發現，成為最有價值的商品。

第一塊鐵，被山下的鐵匠發現了。這個鐵匠專門為村裡拉車的馬打造馬蹄鐵，任何鐵塊到他的手裡，都會被他打造成馬蹄鐵，然後以一副一文錢的價格，向村民出售。那塊鐵被鐵匠打成幾副馬蹄鐵賣給車夫，釘在馬蹄上。

第二塊鐵，被縣城裡的一位刀匠撿到了。這是一位在當地小有名氣的刀匠，他專門為縣城裡的廚師們打造菜刀。因為他的手藝好，打造的菜刀鋒利無比、經久耐用，一把菜刀在他這裡能賣到十吊錢。

刀匠把這塊鐵拿回去，經過高溫熔化、鍛造等幾道手續，把這塊鐵變成一把鋒利的菜刀。有一位廚師看中了這把菜刀，經過與刀匠的討價還價，花了八吊錢買走了，這塊鐵也就變成廚師剁肉切菜的工具。

第三塊鐵，被四處尋找造劍好鐵的鑄劍師發現了。這是全國著名的鑄劍師，一位將軍委託他打造一把寶劍，他為了能夠鑄造一把讓將軍滿意的寶劍，因而四處尋找好鐵。看到第三塊鐵時，高興萬分，因為只要他把這塊鐵鑄造成寶劍，將軍就會給他一百兩白銀。

鑄劍師把這塊鐵拿回家裡，經過反覆的冶煉，並且加入不同比例的其他金屬，鍛造、冷淬，再經過壓磨、拋光，三個月後，一把冷光森森的寶劍出現了。將軍對這把寶劍非常滿意，給鑄劍師一百五十兩銀子。將軍靠著這把寶劍，馳騁疆場，保家衛國，立下了赫赫戰功。

第四塊鐵，被一位外國的鐘錶製造師發現了，拿到他的鐘錶工廠裡，經過多道程序的處理、加工，最後把這塊鐵變成造型獨特的西洋鐘。這座鐘最後被當地的一個富翁看中，毫不猶豫的掏出一千兩銀票，把這座鐘擺在他的豪華別墅裡。

第五塊鐵，被一家機械廠的工程師發現了。這位工程師是冶金學博士，負責精密儀器的材料生產和開發工作。他得到這塊鐵之後，如獲至寶，經過分析研究，他發現這是不同尋常的鐵，如果加一些元素進去，就可以改變其性質，可以做成儀器上的線圈。

於是，他和他的助手對這塊鐵採用許多細緻的冶煉手續，成功的把這塊鐵加工成一台價值百萬元儀器的核心零件——精細的線圈。這台儀器之所以很多國家不能生產，就是因為不能生產這個線圈。

第六塊鐵，被一個醫療器材工程師撿到了，把它加工成牙醫的手術工具——用來鉤出牙齒神經的鉤子。一磅黃金的價值大約是兩萬五千美元，而一磅這種柔狀的鉤狀鋼絲比黃金要貴重幾百倍。

從一大塊鐵上分出來的六塊鐵，落到六種不同的人的手裡，成為六種不同的產品，就有六種身價和六種不同的命運。

二十幾歲的男人，就是這六塊鐵中的一塊，我們很有可能成為馬蹄鐵、菜刀、寶劍、名貴鐘錶、高級精密儀器、牙醫手裡的高級手術工具。至於成為什麼，靠我們的野心、人生規劃、學歷、能力、進入的圈子和運氣。

作為年輕人，學歷是非常重要的籌碼。所以，在我們讀書的時候，能多學一點就要多學一點，能進知名大學還是要進知名大學，能考上研究所就要考上研究所，能讀博士就讀博士，不要相信「學歷沒有能力重要」。

有能力沒有學歷的人都是天才，但是如果我們接受好的教育，可能就會成為人才。

一個人一輩子讀書的時間並不多，適合學習的時間也不長。在這段時間內，我們應該把更多的精力、心思放在學習上。儘管當時並不明白自己為什麼要學習這些無聊、枯燥的東西。

書到用時方恨少，知識這東西，往往是用的時候才知道不夠，才想再去學習，可是到那個時候，工作、家庭和交際上的瑣事，會佔據我們很多時間，花去我們很多精力。例如，總是纏著你逛街買東西的女朋友、孩子的教育……

有高學歷，就可能很容易進入一個更好的圈子，例如像杜邦、微軟、沃爾瑪、ＧＥ等世界知名企業。到這樣的公司工作過，就像贏過奧運金牌一樣，這種工作經歷會為一個人的人生增加很大的談判籌碼，因為老闆們都知道，在這些公司工作過的員工，能力是不用質疑的。

並不是二十幾歲的男人都能拿到高學歷，拿不到也沒關係，那就需要我們有野心，有賺錢的欲望，有一個詳細的人生規劃和不斷調整計畫的能力。

同樣的一塊鐵，冶煉鍛造的方法不同，加入的元素不同、比例不同，它最後形成的產品就會不同。

大學同住在一個宿舍的八個人，到三十歲的時候，社會地位、身份和財富一定不一樣。原因之一，就是八個人走出校門之後，走不同的路，用不同的成功理念經營自己。

上帝發到每個人手裡的牌都不一樣，如果上帝發給我們的牌很糟糕，我們應該怎麼辦？上帝只是發牌給我們，並沒有規定我們必須怎麼玩手裡這把牌。我們應該根據自己手裡的牌，來決定自己的玩法。

總之，看好自己手裡不能更換的牌，選擇它有最大優勢的玩法，我們就可能成為最後的贏家。

如果我們手裡的牌非常糟糕，似乎玩什麼都不行，那麼，我們還應該有三樣東西，那就是：有一顆巨大的野心，永不消失的賺錢欲望，從小事做起的踏實。

在開始時，我們可以什麼都不具備，只要我們善良、正直、勤奮，勇於走出自己不滿意的生活圈，主動尋找能讓自己得以發展的機會，兢兢業業的經營自己的信用，經營自己的人生，就一定可以取得自己想要的成功。

在我們沒有任何資源可以利用的時候，甚至在自己一無所有的時候，我們最起碼還擁有善良、正直和勤奮。

即使我們什麼事都不能做，但是我們還可以提升自己的品格，讓認識我們的人知道我們是一個好人，是一個有上進心、值得信賴的人，那麼，我們就會有很多事可以做，別人也願意把簡單的事讓我們做。

有了事做，我們不要因為事的大小、自己能獲得多少利益而去考慮做與不做，而是應該盡心盡力的做，盡善盡美，精益求精。這不是我們有什麼目的，而是我們做事一貫堅持的原則和習慣。

做好人，就會做好一件小事；做好一件小事，就會做好一件大事。人生就是由許多小事和大事組成的，做好每一件小事和大事，就等於經營好自己的人生。

二十到三十歲，是男人破繭成蝶的關鍵時期，每一個選擇，每一個決定，每一步路，每一個圈子，對我們來說，都非常重要。我們想要在三十歲成為美麗的蝴蝶，飛過名叫成功的那條河，就要用心經營自己的每一天，用心對待身邊的每一個人，遇到的每一件事。

第四章：我們要完成哪些「內在」的更新？

有一種叫學歷的內在，把人分成農民、工人和知識份子。

有一種叫能力的內在，把人分成領導者和被領導的人。

有一種叫智慧的內在，把人分成窮人和富人。

一個人的財富多少、社會地位高低，產生決定作用的還是人的內在。內在的好壞、功能是否強大齊全，才可以決定這個人能做什麼，會做出什麼。

內在，只有不斷的更新，功能才會越強大，越能處理更多的問題。

二十幾歲的人，需要不斷更新哪些內在呢？

如果讀到這裡，請開始接受自己

連自己都不接受的人，還有誰願意接受他。

——張禮文

小橡樹和蘋果樹、橘子樹、梨樹、玫瑰花，被花園的主人栽到花園裡。開始的時候，它們並沒有覺得彼此有什麼區別，主人對待它們都是細心的照顧，它們也都無憂無慮的在一起和諧的生活。

春天到來之後，玫瑰開出許多美麗的花朵，主人便對玫瑰花非常照顧，還經常帶朋友來觀看。小橡樹就努力的想開出和玫瑰一樣的花，可是它失敗了；秋天到來之後，蘋果樹、橘子樹、梨樹都結出不同的果實，小橡樹看到主人摘果實的表情，就下定決心，明年自己也要結出果實，但是經過一年的努力，它依然沒有像園中其他樹木一樣，開花結果。

玫瑰能開花，其他樹木能結果，唯獨小橡樹，什麼事都不能做，主人似乎也不關心它。它覺得自己很失敗，是這個園中不能做任何事的東西，是最沒有用的植物，它感覺在眾多朋友面前抬不起頭，整天低著頭，唉聲歎氣。哪怕是其他樹木無意間咳嗽一聲，它都能感覺到其中的諷刺。

它憤怒，它奮鬥，但是它什麼都無法改變，既開不了花，也結不了果。它不斷的問自己，也在問上帝，為什麼自己不是玫瑰，不是蘋果樹、橘子樹，偏偏是橡樹呢？作為橡樹，在這個世界上，彷彿失敗是它唯一的選擇。

有一天夜裡，無所不能的智慧老人來到這個小花園。

小橡樹問智慧老人：「我為什麼是一棵不被主人重視的小橡樹呢？」

智慧老人說：「因為你生來就是橡樹。別人重視不重視你，那是別人的事。」

小橡樹說：「我實在不想做橡樹，我要開花，我要結果，我要比園中其他樹木更能得到主人的喜歡。你是無所不能的智慧老人，一定可以幫助我。」

智慧老人說：「地球上的許多生物都面臨著同樣的問題，都要求我幫助它們變成它們希望的樣子，其實我也做不到。但是我提醒你，你永遠不會結出蘋果，因為你不是蘋果樹；你也不會每年都開花，因為你不是玫瑰。你是一棵橡樹，你能長得高大挺拔，成為主人需要的木材，這才是你的唯一使命。別人是什麼樣子，對你並不重要，重要的是，你要知道自己是什麼樣子，你就是你自己，你要試著瞭解自己、接受自己。做你能做的，成為你能成為的樣子，這才是最正確的。」

智慧老人走後，小橡樹回想自己這麼多年來的努力過程，不是自己不努力，而是自己放棄了自己，自己永遠不會開花結果，只能成為一個棟樑之材！做我自己？接受自己？去完成屬於自己的使命？

從那天以後，小橡樹接受自己是一棵橡樹的事實，便開始為成為棟樑之材而努力。很快的，它長成一棵大橡樹，園子裡的一切花草樹木只有仰視才能看到它的臉。

二十幾歲的男人，自己問自己：你接受你自己嗎？

很多人聽了先是一愣，然後搖搖頭說：「我不知道為什麼，現在的自己竟然是這個樣子！」

很多年輕人，由於命運的錯誤對待，生活不可掌控的因素影響，或是不小心信任不該信任的人，走了一條不該走的路，最後成為連自己都討厭的人。

我們討厭的人，我們可以迴避；如果討厭自己，只會讓自己在錯誤的道路上越走越遠。一個不接受和正視自己的人，不論做什麼事，從一開始就可能是錯誤的，不論過程中如何投入，也不會有好結果。

可以說，現在二十幾歲的男人，接近九〇%的人，都不願意甚至無法接受現實生活中的自己，他們不接受自己的理由是：

- 自己的父母能力、財富、地位不如人。
- 自己的學歷、能力、智力不如人。
- 自己的經驗、閱歷、口才不如人。
- 自己的性格、身高、相貌不如人。
- 自己的處世、交際、運氣不如人。

這樣的人，稍微遇到挫折，甚至別人一個無意的眼神，都會引起他們的自卑、自責，開始懷疑自己，什麼事都和自己無能有關係，垂頭喪氣，怨天尤人，埋怨指責，自暴自棄，放任自流，並且採取相反的行為，導致以下幾種結果：

極力掩蓋自己真實的生活現狀。編造自己的家世、父母身份、學歷，甚至包括自己的工作性質。例如說自己有一個有錢的爸爸、知名大學畢業、做高薪輕鬆的工作……

極力掩飾自己真實的脆弱本質。本來自己什麼都做不了，什麼人都不認識，總是說大話，說自己能做成什麼事，與什麼人關係好。有時候為了證明自己說的話是真的，要付出很大的代價。

變得卑鄙、無情、冷酷和殘忍。總覺得這個社會和社會上的人對自己不公平，所有的人都在為難自己，和自己過不去。於是以陰暗的心理，小人之心度君子之腹的心態，以不正當甚至是非常的手段，報復社會和他人。

懷疑、嫉妒、嘲笑、諷刺比自己強的人。每天生活在不切實際的幻想當中，總想著一步登天，總覺得自己缺少的是機會、運氣、緣份，懷疑、蔑視比自己強的人，吃不到葡萄說葡萄酸，經常做損人不利己的事。

擴大自己的缺點和弱點，並且心安理得的接受現狀。因為認為處處不如人，天生就是一個倒楣鬼，懷疑自己，否定自己，得過且過，不思進取，隨波逐流。

我們以前怎麼樣，現在如何，都不重要，重要的是，既然不甘心貧窮，不願意生活在社會的最底層，想要一心追求富足、自由和高品質的生活，那麼，何必在意自己過去和現在是誰呢，明天是滿意的自己就可以。

任何一個成功人士都是從接受自己，接受自己的生活現狀開始的，都會承認自己的缺點和不足，積極的進行彌補。有些事不是自己可以彌補的，那麼，就積極主動發展自己的長處吧！

作為一個男人，比貧窮者富有，比富有者自由，比自由者權重，比權重者輕鬆，這就是迴避自己的缺點，發展自己長處的表現。

接受自己，對自己的不足之處承認並且改進，有效的利用和處理，這是我們在二十幾歲的時候，必須具備的一種能力，這也是自己生存發展、改變人生的能力。

僅有高學歷，無法拯救未來

學歷，就是邊學邊經歷。只學不經歷，只是死學，直到學死。

——張禮文

學歷就是一塊木魚石，有一個傳說，如果得到這塊石頭，就會得到資本、地位、機會和財富。它可以給愚蠢者智慧，給無能者能力。所以，很多人寧肯付出自己的一切也要獲得這塊石頭。

學歷像一塊會唱歌的木魚石，可以給人幸福和快樂，但是事實上並不是只要得到學歷就可以擁有一切，它的珍貴之處在於獲得學歷過程中的不斷附加、經歷和認識，使自己詮釋社會、解讀自然的能力不斷加強。

遺憾的是，二十幾歲的人，卻把學歷的獲得，簡單的認為是把與身高等同的書擠壓成一張文憑，因文憑而仕，因文憑而富。這在二十年前適合，而現在二十幾歲的人，卻晚出生了二十年，成為買單的那一代人。學歷與它真實的面目越來越接近——證明一個人接受的教育程度而已。

公司的主管們，都曾經對高學歷者寄予很高的期望，卻不知道學歷並不等於能力，高學歷者未必能力就強，二者沒有必然的關係。工作畢竟不是考試，會考試的未必會賺錢、會做事。

因此現在老闆們在面試的時候，大專生和大學生沒有什麼區別，大學生和碩士沒什麼區別，他們對員工唯一的要求是勝任工作。錢不好賺是事實，所以老闆聘請員工越來越現實，不願意花時間和金錢把小樹苗培養成搖錢樹，在他們眼裡，學歷就是學歷，能力就是能力，沒能力的人，就算有再高的學歷，也一文不值。

當木魚石成為鵝卵石鋪滿河床的時候，就連農夫拿石頭砌豬圈，都有權對木魚石挑挑揀揀。

小張與小王從小學到高中，一直是同班同學，唯一的區別就是小張一直是班上第一名，小王一直是班上最後一名。小張是老師和同學的驕傲，小王在老師和同學眼中，是無可救藥的人。所有人都認為小張考上國立大學沒問題，小王能考上大學就很了不起。結果不出意料，小張考上全國第一學府，而且成績很不錯，小王也進入某私立大學。在別人的眼裡，小張是可以無限增值的績優股，小王則是無人問津的垃圾股。

小王從高中畢業以後就從老師和同學的視線中消失了，別人對他不願意關注，也懶得關注，認為他永遠不會有成就，那所私立大學的畢業生，能找個一個月賺二萬五千元的工作，就已經算是幸運的。

小張上了大學之後，學習的能力得到進一步加強，學習成績依然在全班乃至全系名列前茅。小張大學畢業之後，本來想去找工作，在社會上轉了一圈，發現大學生沒優勢，就像其他同學一樣，選擇繼續考研究所，沒想到真的考上了。

研究所畢業之後，小張才發現，碩士已經比他大學畢業時多出好幾倍。企業已經對碩士不怎麼看中了，他們只想要他們想要的人。

小張的運氣好得多，經過層層面試，終於進入非常知名的一家大公司工作，但是工作並不像他想的一樣，坐辦公室當主管，而是要從最底層的業務員做起。因為在那個大公司裡，管理階層的人，不是從底層做起，已經創造輝煌的成績，就是在其他大公司工作過，是業內聞名遐邇的知名人士。

小張本來以為自己作為知名大學的碩士，會很有優勢，沒想到進公司一看，那裡的博士、碩士數不勝數。講起企業的營運和管理，連看門的老頭都比他講得好。

最出乎小張意外的是，他從來都瞧不起、看不上的小王也在這家大公司，居然還是他的主管。那個只有三流大學文憑的小王，已經是公司連續三年的銷售冠軍。現在年薪將近百萬，早已經是有名車、豪宅的金領一族。最讓人鬱悶的是，以前不學無術的傢伙，居然還利用業餘時間讀了ＭＢＡ。

後來小張瞭解到，小王上大學的時候，就已經開始有生意的頭腦，在學校是出了名的小商人，賣過原子筆、筆記本、電話卡、牙刷，他從批發市場批發小商品，不僅在學校賣，而且還到各個社區賣。當同學們為了幾千元的獎學金爭得頭破血流時，他已經是學生中的有錢人。

大學畢業以後，同學都隨便找了一個工作，他卻選擇進入這家大公司，同學都認為他是癡人說夢，那是不可能的事。作為跨國的大公司，根本不可能給一個三流大學的畢業生機會。

小王真的拿著自己的履歷和一群博士、碩士一起到這家公司面試，沒想到，他的自信打動這家公司的總經理。有豐富銷售經驗的總經理知道，銷售不講章法，善於捕捉消費者心理、想像力和創造力超強的人，在公司裡會比只會高談闊論的人更好用。這樣的人在業務的開拓上，必定有無限的潛力和勇猛。

知識可以豐富一個人的頭腦，同樣也可以制約一個人的思考。小王儘管沒有受過專業的銷售教育，但是他利用大學的時間，透過和消費者不斷的接觸，更瞭解消費者的真正需要。在他的銷售字典裡，**沒有消費者不需要的產品，只有消費者不接受的銷售方式**。

小王從最底層的業務員開始做起，在自己負責的區域內，在不違反公司原則的情況下，針對不同城市，採取不同的銷售策略，靈活多變，四處出擊，使他負責的區域銷售量直線上升，並且連續三年保持領先。

真正可以把一個人培養成將軍的地方，只有戰場，而不是講武學堂。

在學歷逐漸脫去它華麗外衣的時候，如果我們只是為了學歷而學習，不注意在獲得學歷的過程中，解讀人群、解讀社會，而是簡單的為了工作，靠學歷這把破舊的槍打天下，受傷的只會是我們自己。

只要我們的目標不是研究所、技術開發等行業，我們的學歷就已經足夠，社會才是真正的學堂。知道自己要學什麼，比簡單的為了一張學歷被迫去學要好得多。

一張學歷，需要幾年，幾年間可以得到什麼，會失去什麼，二十幾歲的人，要好好衡量。當二十幾歲的人都在社會上進化時，我們在大學裡拼湊碩士、博士論文，等出來再一次面對社會的時候，就可能會嚴重的落後。

考碩士或是博士，如果只是為了找工作容易一些，那只是浪費自己的時間。

必須培養預測能力

要是知道明天發生什麼，就一定知道今天做什麼最正確。

——張禮文

有許多事，不是我們做不到，而是沒有在最適當的時候做；許多投資的機會，我們並不是沒有能力投資，而是在看到別人賺錢的時候，才後悔當初自己那麼傻。

這一點，二十幾歲的年輕人，也會有感觸。考大學的時候，我們好不容易考上一些熱門的科系，辛苦的學了四年才知道，那些熱門科系已經毫無用武之地。即使我們學得再精深，就是找不到工作。

別人考上碩士，可以找到高薪的工作，但是我們考了碩士，就業時卻發現許多公司已經對碩士不以為然，而與我們一起讀大學、大學畢業就開始工作的同學，已經找到很不錯的工作，有很不錯的待遇。

為什麼幸運的人總是幸運，倒楣的人總是倒楣呢？作為二十幾歲的男人，我們有理想有抱負，肯吃苦肯付出，就是運氣不好。工作很忙，卻是瞎忙；工作很累，但是賺的錢卻只能勉強維持生活。

想想自己，不是沒知識，不是不勤奮，卻是做什麼都不成功。假如真的有上帝的話，自己也是讓上帝看著就頭痛的人，他一直微笑著對自己說「ＮＯ」！

其實幸運的人與倒楣的人，窮人與富人，差別不是有沒有機會，因為機會到來的時候，是屬於每一個人的，只有能不能抓住的區別。他們的差別就在於，幸運的人比倒楣的人，富人比窮人，多想了一點點而已。

想想這一點點是怎麼來的？來自他們更有預測能力！

學校和公司，讓我們學到很多知識和經驗，遺憾的是，卻從來沒有人讓我們學習關係到人生成敗、決定和改變自己命運的預測能力。沒有預測能力的人，一定不會為自己的明天做足夠的準備，也不會認識等待多年卻與自己擦肩而過的機會，等到別人成功的時候，我們已經陷入被動的地步。

社會都在不斷的變化，都有許多事發生。這些變化和事情的發生，絕對不是偶然的，它有必然的一面。如果我們能在身邊的變化中，處於主動的位置，就可以使自己永遠立於不敗之地。

這就需要我們，在人生第二個開始——二十幾歲的時候，積極主動培養自己的預測能力，對身邊的事做到先知先覺。在事情沒有發生之前，多想一點，多做一點。

在二十幾歲的時候，對未來不能做準確的預測，不能比別人多想到一點點，就一定會落後他人。

預測能力不是一種特異功能，也不是與生俱來的能力，它只是人在生活中的感知能力、總結能力、判斷能力的綜合表現而已，我們可以透過在生活和工作中不斷的磨練和培養，讓自己擁有這種能力。

做什麼事都要投入，用心研究，用心思考。預測能力的培養也是一樣，下面就是十種培養預測能力的方法：

對自己想做的事高度關注

一個人一定有他非常想做好的一件或是幾件事，只是現在自己缺少實力和機會，只能等待。

等待，不是什麼都不做，而是隨時對做成這件事的人、在這件事上失敗的人，集中注意力，分析他們成功與失敗的原因。同時，對所有關係到此事的任何消息，都不能錯過。這樣，你才會知道自己應該做什麼準備，等待什麼時機。

如果只是想做而已，卻不對想做的事高度的注意，你就會對不斷變化的事一無所知，不可能有準確的預測。

如果不知道自己做什麼適合，就要善於觀察

世上無難事，只怕有心人。身邊的事是不斷變化和更新的，大到世界時局、國家政策，小到街頭流行物品。在這個變化的過程中，只要用心感悟，成功的機會就會存在。改變命運，也許只需要一年、一個月、一個機會就可以。

尋找事物之間的共同性和差異性

世界上任何事物都不是獨立存在的，它們之間總是存在直接或間接的關係，並且有共同性和差異性。

平常之中有異常的存在，偶然之中存在著必然。在我們細心比較之中，就知道什麼應

該結束，什麼應該開始。

對自己的能力有高度自信

一個對自己能力沒有自信的人，就會不敢做事，對想做的事只是想想而已。對一切充滿懷疑、失望，導致自己的精神頽廢，萬念俱灰，與外界絕緣，不與外界發生反應。自己成為惰性化學品，加入任何催化劑都無法產生反應，還說什麼預測呢？

運用乘法思考

對一件事關注久了，知道得多了，掌握了發展規律，就會在不知不覺中，對即將發生的事，產生屬於自己的預測，這是必然的事。

記住這個公式：已知的情況×新出現的事態＝預測的結果。

關注別人的需要

別人的需要，就是我們成功的機會。知道別人需要什麼，需要多少，怎麼才可以滿足他們，就可以預測自己應該做什麼，應該怎麼做。

任何需要都是我們預測的前因，不知道別人需要什麼，任何預測都是紙上談兵。

利用自己的逆境

任何人、任何事，都不會一帆風順，從開始到結束都會充滿無數的變數。有時候我們會身處逆境，在逆境中更有利於我們去思考過去，總結身陷逆境的原因，甚至是自身的弱點，對手的優勢和缺點。

遇到一次逆境，就是遇到一次培養自己預測能力的機會。

利用別人的失敗教訓

有許多事自己未必做過，沒有任何經驗，但是做過此類事的人，是成功和失敗的典型例子，好好研究他們的成功和失敗的必然，並且結合現在的實際情況，進行巧妙的轉移和借鑒，就會增加自己預測的能力。

吃一虧，長一智。我們不一定要吃虧，但是一定要有智慧。有智慧，就可以增加自己的預測能力。

保持良好的精神狀態和充沛的體力

一個人對事物的敏銳程度、反應是否迅速，和他的精神、身體的狀態有直接關係。身體健康，精神飽滿，思維就會一直處於非常活躍的狀態，對資訊反應強烈、處理迅速，可以多角度、多層次的分析問題。

多和專家接觸

專家，是在某一方面有專業知識的人，對屬於其研究範圍內的問題，有獨到的見解。很多多和他們接觸，從他們那裡簡捷的獲得自己需要的知識。聽君一席話，勝讀十年書。很多我們百思不解的問題，專家一指點，就會讓我們頓悟。

決定人生成敗的十二種素質

擁有這些素質未必可以萬事亨通，但是沒有這些素質，想「通」更難。

——張禮文

二十幾歲的男人都知道，在這個競爭異常激烈的時代，實力和人脈可以決定一個人的成敗。實力和人脈不是與生俱來的，它們來自哪裡呢？

正常男人之間，在「外表」上幾乎沒有差異，只有高矮胖瘦之分，但是這和一個人的財富多少、社會地位高低沒有任何關係，產生決定作用的還是人的「內在」，「內在」的好壞、功能是否強大齊全，才可以決定這個人能做出什麼，能做成什麼。

男人的「內在」有許多種，但是可以用兩個字概括，那就是「素質」。現在好多人說性格決定命運，心態決定人生，態度決定高度，其實都是在說素質在人的一生當中的重要作用。

一個人的素質，按生理上分為身體素質和心理素質；按照時間分為先天素質和後天素質，表現為一個人為人處世的特性。

一輛汽車的性能如何，取決於車的引擎性能。如果把人當作是一輛汽車，他的素質就是他的引擎，可見素質對一個人一生的重要作用。

同樣是男人，為什麼會有差別呢？就是素質產生決定性的作用。

一個人的素質，從出生就應該加以培養和修煉，這主要依靠我們的父母。在一個男人跨過二十歲的門檻之後，一切都要靠自己，包括素質的修煉和培養。

二十幾歲的男人，因為實力不夠、能力不強，還不能真正做出什麼成績。做不出成績對現在的我們不重要，一切都還來得及，但是對素質的培養，必須不能放鬆，因為它決定我們一生的成敗。

二十幾歲決定一個人的一生，或是改變一個人的一生，就是因為在二十幾歲的時候，是一個人素質培養的關鍵階段。

有一些年輕人，對人生的態度是積極的，他們不是不想做什麼，而是不知道應該怎麼做，應該做什麼。這不重要，只要你想做，本書為你提供如何培養決定人生走勢的十二種素質。如果想有大的作為，你必須具備以下十二種素質，並且在其中的幾個方面，做到優秀甚至是卓越。

這十二種素質是什麼呢？

善於學習

學習是一種習慣，走出校門的時候，學習似乎不再是我們生活的主要內容，但這是一種錯誤。日常生活、從事的工作、人際交往等方面，每天的知識都在不斷的更新，這都需要一個想成功的人去瞭解和掌握。

沒有豐富的知識作為支撐，我們就不能對不斷出現的新事物、新現象進行正確的預測和判斷。所以，年輕人必須把時時學習、處處思考培養成一種自動自發的習慣。

把一門專業知識掌握到精深的程度

在這個時代裡，一個每件事都會但是都不精通的人，一定不如一個對某一領域深有研究的人。什麼事都可以做但是都做不好，還不如只做好一件事。

現在是合作的時代，一個人只要在一個行業的一個環節能做好、做精、做透，成為高人一等的專業人士，那麼，你煩惱的不是沒有賺錢的機會，而是沒有時間和精力。

正確確定自己努力的目標

不知道自己應該做什麼的人，永遠都不會成功。二十幾歲的男人，必須能夠獨立確定自己的努力目標，並且對目標的實現，做堅持不懈的努力和積極尋找實現目標的辦法。

知道自己想要什麼，應該學習什麼，應該怎麼得到自己想要的，才可以得到自己想要的。

對社會的反應能力

每一個人對社會的反應能力都不一樣，只有少數人知道這個社會將要發生怎樣的變化，這些人就是從社會的不斷變化中，透過迅速調整自己，獲得大筆財富的人。

社會反應能力不是天生的，需要在後天透過以下四點，不斷的鍛鍊：

- 認識並且結交各個圈子裡的人。
- 關注各個行業裡發生的事的起因、經過和結果。
- 善於歸納、總結和分析。

■瞭解時代的趨勢。

可以高品質的完成自己負責的工作

工作對一個人的素質有提高和完善的作用，也有以下四點要求：

■明確工作的目的和想要的結果。

■敢於打破常規，尋找簡捷有效的工作方法。

■良好的組織、溝通、發揮才能。

■擁有承擔責任的決心、忘我工作的勤奮。

領導能力和決策能力

知道自己怎麼做是能力，知道讓團隊怎麼做是藝術。生活中有戰鬥、戰爭和戰役，能戰鬥的是好員工，能指揮戰爭的是好主管，能指揮戰役的是富翁。

年輕人不但要學會管理自己，也要學會管理別人。學會自己如何為別人做事，更要學會如何讓別人為自己做事。

高超的創造能力

誰可以創造，誰就可以領先。在競爭激烈的時代，創造和創新才是制勝的法寶，不斷創造的人才是常勝將軍。

培養創造力，要在以下四點加強：

- 瞭解消費者的需要。
- 增加自己知識的寬度、厚度和高度。
- 保持思維高度活躍和準確捕捉資訊。
- 敢想也敢做。

辨別是非的能力

對的永遠是對的，錯的永遠是錯的，但是當對錯交錯在一起的時候，特別是整個環境裡對錯顛倒的時候，必須堅持自己的信念，肯定自己的做法，不懷疑值得自己信賴的人。

多問為什麼，多想一點點，多走一步路，多堅持一分鐘，多一個角度看問題即可。

不要輕易否定自己

每個人都會從自己的角度看問題，如果我們的行為牽扯到對方的利益，對方就會從各個角度對你的行為加以否定。善意的規勸、粗暴的阻止、強烈的干涉，反正他們會透過各個管道，施展各種手段，把我們放到他們滿意的位置上。

做事要堅持，更要堅定。一旦自己認為是正確的，就不要把別人強加的負擔，放在自己的肩頭。沒有人會為你的人生負責，哪怕是你的父母。

培養自己良好的口才

這是一個重溝通、表達、宣傳的時代，想要改變別人，讓別人接受自己的看法、想法和做法，獲得別人的支持，表達和溝通是最重要的武器。

只有讓更多的人知道你的能力和本事，你才會有更多的機會。能說，會說，說得恰到好處，這是成功的人不能不具備的能力。

盡自己最大的能力回報社會

作為這個社會的一份子，只有社會和諧，我們才可以擁有更多的財富。營造和諧、穩定的社會，是每一個公民義不容辭的責任和義務。

員工——老闆——企業家——慈善家是一個人真正發展的過程。隨時抱持感恩的心對待生存的社會，盡自己最大力量幫助應該幫助的人，才是我們活著的真正意義。

祈禱一點好運氣

運氣，還是要相信的。沒有好運氣，做再多努力也是枉然。但是運氣不會平白無故的降臨。中彩券是一件好事，但是首先要去買，並且把它當作是一種對社會的回報，說不定真的會有好運氣。

找出可能導致失敗的根源

沒生病，就不會死。
——張禮文

世界上沒有無緣無故的成功，也沒有無緣無故的失敗。二十幾歲的年輕人，一切都剛剛開始，不論做什麼，一旦開始就有兩種可能——成功或是失敗。

成功是我們期盼的，只要能到來，我們並不擔心，而且來得越快越好。失敗是我們恐懼的，這是我們最不想要的結果。但是，在我們的人生中，失敗往往多於成功，甚至只有失敗沒有成功。

做成一件事，需要天時、地利、人和，每一個環節都不能出任何的差錯。而且，有些條件在我們的控制範圍之內，有些條件不在我們的掌控之中，只能盡人事而聽天命。

一件事的失敗，我們可以為自己找出許多失敗的理由，聽起來不失敗都不行。事實上是這樣嗎？絕對不是！什麼樣的失敗，都有其必然性。因為做事的是人，參與事情各個環節的也是人，所以，失敗的根源在於人，而不在於事。

《三國演義》是把各種計策、謀略用盡的一本奇書，讀過《三國演義》的人，只要細心注意，就會發現，書中不論誰用任何計策，首先分析的是人，這個人是什麼性格，有什麼思維習慣，處於什麼位置，其與團隊中的成員之間，存在什麼矛盾，先分析這些，然後再因人用計。

只要做事的人有缺點，他做事的時候就必定會產生疏漏和瑕疵，為他的失敗注入必然的因素。一個人有弱點，一個團隊有缺點，一旦被對手抓住並且利用，就會給他或是團隊致命的打擊。

任何成功都需要條件，並不是只要我們付出足夠的努力就會成功。做事的人存在先天的不足，失敗的可能性就會越多。

作為二十幾歲的男人，想要增加自己做事的成功機率，就要找到自身的弱點，並且加以改正，就可能對成功掌握主動權，同時大大增加成功的可能性。

世界上成功學專家，透過大量的研究和調查，分析大量的在各個領域成功與失敗的當事人的性格、心態上的優弱點、做事的方法，總結出導致一個人做事失敗的根源。

在下列導致失敗的根源中，只要有一項或是若干項，就有可能是我們做事失敗的潛在基因，在一定條件下就可能成為致命的因素，註定事情以失敗告終。

二十幾歲的男人，在沒做事之前，若是知道自身的弱點，找出導致失敗的根源，就可能有意識的進行規避，讓自己做事的成功機率更大一些。

可能導致我們失敗的根源有哪些呢？

- 遇到挫折就心灰意冷、萬念俱灰、一蹶不振。
- 做什麼事想做就做，對所做的事不進行瞭解調查。
- 拘泥於傳統經驗，不知道實事求是。
- 平時不燒香，臨時抱佛腳，總是從利用的角度與人交往。
- 認為自己總是對的，別人總是錯的。
- 總是用強硬的姿態對待別人，用手裡的權力壓制別人。
- 對別人的觀點和做法吹毛求疵。
- 認為別人的忠告和建議，都是沒有用的廢話。

- 對一個人按照相貌、穿著、打扮進行判斷。
- 以貧富程度決定別人與自己的距離遠近。
- 什麼事都親力親為，覺得任何人做事都可能出錯。
- 不考慮自身的實力，盲目模仿別人的成功模式。
- 看重結果，忽略過程。
- 僥倖的認為麻煩不解決也會消失。
- 不知道資源整合，討厭合作。
- 對應該清楚的問題總是模稜兩可。
- 把小問題擴大。
- 得理不饒人。
- 因循守舊，不知變通。
- 做事不計畫，
- 不敢承擔責任。
- 不辨是非。
- 犯錯找藉口，犧牲別人的利益來保全自己。

- 從不考慮別人的能力，不考慮自己的要求是否過份。
- 到處許下承諾。
- 做事虎頭蛇尾，不了了之。
- 驕傲自大。
- 嫉賢妒能，見不得別人比自己強。
- 經驗主義，生搬硬套。
- 好好先生，遇事裝糊塗。
- 不給別人任何施展才能的機會。
- 唯權唯上，迷信權威。
- 一切靠運氣。
- 死板、呆板，而且固執。
- 武斷、獨斷，但是不果斷。
- 對陌生的行業充滿恐懼感。
- 合作還沒開始，就擔心自己的利益拿得少。
- 有消極的想法，覺得什麼都不可行。

- 不按照法律的規定做事。
- 面子大於一切。
- 抗壓能力弱，無法接受任何失敗。
- 做事不注意細節。
- 事情不到無法挽回的地步，不去考慮。
- 太過於謹慎小心，行動遲緩。
- 心胸狹窄，睚眥必報。
- 信天信命，就是不信自己。
- 妄自菲薄，自己否定自己。
- 做事不考慮別人的感受，只希望別人可以諒解自己。
- 不做最壞的準備，把一切理想化。
- 以小人之心度君子之腹。
- 想說就說，說話不考慮後果。
- 不讀書不看報紙，對任何事都一無所知。
- 有不良嗜好。

- 反覆無常，朝令夕改。
- 說大話，不把任何人、任何事放在眼裡。
- 樂於傳播小道消息，背後論人短長。
- 不學無術。
- 刻薄寡恩，斤斤計較。
- 沒有金錢觀念。
- 過度透支生命與健康。
- 把屬下當作奴隸。
- 為了利益可以出賣和背叛任何人。
- 不善於經營婚姻與家庭。
- 對女朋友無條件服從。
- 幫助別人沒有限度。
- 花天酒地，紙醉金迷。
- 容忍自己生活在社會的最底層。
- 批評多於建議，指責多於幫助。

- 沈溺於過去的成績。
- 不能洞察秋毫，容易被欺騙。
- 太追求完美。
- 多愁善感，沉默寡言。
- 拿不起，放不下。
- 對身邊的人處處警惕。
- 事事喜歡爭論。
- 沒有原則，一味妥協。
- 把任何人都當作親人和朋友。

做一個情感成熟的男人

情感不成熟，事業難成功。

——張禮文

二十幾歲的年輕人，犯罪、自殺等消息，每天都充斥著各種媒體，屢見不鮮。大學生、碩士、博士乃至白領階級，經常因為一件小事而做出驚世駭俗的行為，把自己和別人的大好青春貽誤，葬送自己美好的人生。

不要說我們不會做那樣的傻事，也許是明天，或是今天晚上，因為一件小事，與人大打出手，拔刀相向。在這個浮躁的社會裡，只有人們想不到的事，沒有二十幾歲的年輕人做不到的事。

二十幾歲的男人，愛面子，衝動，做事沒有原則，不想後果，究其原因是什麼呢？還是因為這個年齡的人，情感不成熟。

情感不成熟，是二十幾歲的男人，為人處世最大的障礙，非常有可能改變一個人的人生旅途的走向。

之所以說二十幾歲，會決定或者改變男人的一生，原因就在於此。人的情感引導人的行為，行為對應著結果。

二十幾歲，是對人生負不起責任的年齡，但是，只要做了就要負責，和年齡沒有關係。法律衡量的標準是一個人的實際年齡，而不是一個人的心理年齡和情感年齡。

人的年齡可以有三種分法：

■按照出生以後的時間計算的年齡。

■按照知識水準高低劃分的年齡。

■按照情感成熟程度計算的年齡。

這三種年齡的計算方法，對一個人有重要影響的是情感年齡。因為情感年齡的成熟度如何，關係到我們在人生旅途中的每一次選擇，每一次調整，每一次運作。

每個人都說窮人的孩子精於世事，能做出與實際年齡不符的老練行為。這樣的孩子實際年齡不大，知識水準不高，但是情感年齡比相同年齡的人卻高出許多。原因是他們要承受本不應該他們承受的責任，必須面對他們不喜歡面對的事，催化了他們情感的成熟。

自然科學知識對一個人的情感成熟沒有輔助作用，這也就是很多年輕的大學生、碩士、博士被詐騙集團欺騙的原因，也是一點點小挫折就會成為他們難以承受的毀滅性打擊的原因。

自然科學知識多，並不能幫助一個人學會處世，學會做人，學會解決來自生活各方面的麻煩和問題。生活很多時候無法用正常的公式進行推理、演算和證明。所以，作為二十幾歲的男人，千萬別輕易認為自己書讀得多，接受教育的程度高，就已經無所不能，還要加緊修煉和歷練，讓自己的情感迅速成熟。

有的年輕人，可能對情感年齡成熟這個概念不太清楚，下面舉例說明：

我們很小的時候，家長要求我們講究衛生、學習知識，讓我們瞭解做人做事的道理，這些都是對我們一生非常有用的，可是我們當時願意接受嗎？不願意！

當我們上大學之後，就以為自己什麼問題都解決了，教授告訴我們大學畢業才是人生真正的開始，在大學期間要好好學習，多接觸社會，學會思考、判斷和獨立，我們相信嗎？我們依然還是自以為是，什麼都不放在眼裡，忙於遊樂、談戀愛，在同學面前用父母的血汗錢裝酷、耍帥……

我們變得無比的自私，不知道珍惜自己，不知道珍惜別人，自己的脾氣就是做事的原則，不在乎法律的約束……作為接受高等教育的人，不能說我們沒有知識，不能說我們年紀還小，但是我們的情感年齡真的與我們的實際年齡符合嗎？

二十幾歲的男人，最恨別人說自己長不大，不像個男人，但是，只要我們的情感不成熟，在別人眼裡，永遠都是一個不能委以重任的孩子。

情感不成熟的人，不論年齡多大、學歷多高，也不會獲得任何機會，因為他是不能解決麻煩、反而製造麻煩的人。總之，這樣的人，本身就是一個麻煩。

那麼，如何讓自己的情感成熟呢？有以下幾點：

平常人，平常心

- 擺脫自己的依賴性，嘗試著自己分析問題、解決問題，任何事都要自己動手。
- 實事求是，不活在別人的目光裡，不在乎別人的評論，做自己想做的事。
- 擁有一顆平常心，得之坦然，失之淡然，成敗得失一笑而過。
- 勇於面對逆境，敢於嘗試，不斷奮鬥，成功之後心態迅速歸零。

社會人，博愛心

- 熱愛自己生活的社會，儘管它並不完美，尊重社會中的每一個成員。
- 讓無私幫助別人成為一種習慣，盡自己最大的能力幫助需要幫助的人。
- 包容和接受身邊的人和事，尊重身邊每一個人，包括他們的缺點。
- 對於強者不卑不亢，對於弱者不鄙視。

責任人，事業心

- 自己獲得的任何回報，都是為別人服務的獎賞。
- 工作，是為了薪水，但不是為了薪水去工作。
- 以感恩的心態面對老闆，對自己現在的工作百分之百的投入，哪怕明天就被解雇。
- 在關鍵的時候，敢於大聲說「我負責」，負責是我們最自豪的事。

家庭人，多操心

- 將女朋友或是妻子當作生命的另一半，支持、理解、寬容她們，用生命去愛她們。
- 家，是自己一生保護的聖地，不允許自己或是別人以任何形式對其褻瀆。
- 孩子不但是自己的，也是社會的。
- 自己的財富，與孩子沒有任何關係，從社會獲得的財富，必須回到社會中。

一個情感成熟的人，一定會把自己的一切都建立在生活之上。他會在生活中給自己選擇一條屬於自己的路，哪怕是沒有人走過的路。

把責任當作榮譽，把逆境當作機會。

情感成熟的人不會以消極的態度面對生活，不會抱怨，不會為自己的失敗找藉口。他知道應該學什麼，應該要什麼，並且努力去爭取。成功之後，他知道自己依然在路上，最成功的事，永遠是下一個。

二十幾歲的男人，進入社會之前，首先要問問自己，你是一個情感成熟的人嗎？

情感不成熟不是一種不可救贖的罪惡，任何人都要經過由情感不成熟到成熟的過程，但是作為一個年輕人，還是得讓自己的情感成熟來得更早一些。

第五章：我們今天做什麼

二十歲生日的時候，以後所有的日子都是明天；三十歲生日的時候，以前所有的日子都是昨天。

明天是一個非常糟糕的名詞，因為它根本就不存在。而我們卻把自己的幸福全都寄託給了明天。

二十到三十歲中的每一天，都叫做今天，任何事都是今天做的，也只有今天才能做。

一生平庸的人，都是在二十到三十歲這十年中，不知道今天應該做什麼的人。

今天我們應該做什麼

一生平庸的人，都是在二十幾歲的時候，不知道今天應該做什麼的人。

——張禮文

現在二十幾歲的男人，最迷茫的不是現在很貧窮，也不是沒有發展的機會，而是不知道自己應該站在哪條路上，不知道自己今天能做什麼，今天應該做什麼。

因為不知道自己今天應該做什麼，所以就和朋友玩樂一整天；因為不知道自己今天能做什麼，所以什麼都沒做。於是，就這樣過了一天，又過了一年。

每年除夕的時候，總結自己一年的收穫——工作很努力，沒有存下錢；新年第一天的早上，問問自己，今年應該做什麼呢？除了上班，還真不知道做什麼。看看世界，彷彿都在變化，唯一不變的就是自己對社會認知的麻木和迷茫。

二十幾歲的男人，都知道自己明天要做什麼，卻不一定知道自己今天應該做什麼。**不知道今天做什麼，明天一定是什麼都做不成，因為明天是今天的延續，或是結果。**

作為二十幾歲的男人，在今天應該做什麼呢？主要有以下四點：

今天要學一點知識

知識分為兩種，一種是我們在學校、老師那裡可以學到的，前人對世界和自然的認識和總結，我們把它稱之為專業知識。在學校裡的學習過程，主要是我們學習專業知識的過程。我們在獲得知識的同時，最主要的是學會如何學習、理解和判斷。

第二種是社會知識——不斷產生變化的知識，這種知識是二十幾歲的男人極度欠缺的。這種知識無法在課本中學到，別人的成功案例也僅僅具有參考和借鑒的價值。想要掌握這門知識，就要依據自己的生活環境和實際工作，結合自己工作的各個方面，透過實際的操作，不斷彌補自己欠缺的東西。

我們每一天都要對自己進行一次總結，不論做的事大小、成功或失敗。成功的原因是什麼，自己是在什麼條件下成功的？失敗，是什麼原因導致失敗的？下一次遇到類似的事，我們應該怎麼做？

學習是一輩子的事。只有不斷的學習，我們才會不斷的進步。每天堅持看五分鐘的書，十年之後你就是專家。一個星期認識一個人，一年就能認識五十二個人，從每一個人身上學一點長處，你就近乎完美。

今天要做一點嘗試

二十幾歲的男人，想做的事有很多，能做的事卻很少。看著別人做很簡單，自己去做卻很難。所以，二十幾歲的人經常說：「不是我不想做，而是沒機會做」，或者是自己有想法沒辦法。

其實，世界上沒有非常難的事，只有不適合我們做的事。在我們不知道自己適合做什麼的時候，只能慢慢的嘗試。

年輕人因為害怕失敗、擔心別人恥笑而不去嘗試。人生最可悲的就是：我們總是眼睜睜看著別人站在最高處，擁有名利，自己卻成為只能羨慕或是嫉妒的人。真的沒必要去嫉妒、羨慕別人，他做成的事，只要我們嘗試著做了，說不定也可以成功。

別人可以做成的事，我們未必可以做成。如果我們連嘗試都不做，就一定做不成。

千萬不要說自己不行，很多事沒有我們想像的那麼艱難，只要我們想做什麼，就去接觸從事這樣工作的人。如果你想成為一名作家，寫一篇文章拿到出版社或者雜誌社，到那裡一定能找到一個編輯，他自然會告訴你怎麼寫，怎麼修改。

在這個社會中，每個人都有自己的需要，只是需要不同而已。我們想做一件事，一定是要滿足一部份人的需要。不論我們會不會做，只要今天去找需要我們服務的人，明天我們就知道自己應該怎麼做。

失敗是什麼？沒有什麼，只是更接近成功一步。成功是什麼？就是走過所有通往失敗的路，只剩下一條路，那就是成功的路。

今天要賺一點錢

作為二十幾歲的男人，我們不能不上班。任何一個富翁都是從上班開始的，哪怕是只上一天班。

上班的目的很明確，首先是為了賺錢。找不到自己感興趣的工作，我們就先找自己可以做的、薪水比較高的工作。賺錢，本身就是一種快樂。

二十幾歲的人都知道賺大錢很重要，但是卻瞧不起賺小錢的工作，覺得錢太少，賺與不賺都一樣。賺到了不會富有，賺不到也不會變窮。

這樣的想法絕對是錯誤的。作為進入社會的年輕人，一定要堅持今天都能賺到錢，不論賺多少。

這個社會唯一的好處就是，只要我們想賺錢，就能賺到錢，只是多少的問題。為什麼今天一定要賺錢，那是因為今天我們必須花錢，我們現在存摺上的錢，也不全是我們的，我們一天不賺錢，存摺上的錢就會變少。

今天要存一點錢

李嘉誠在打工的時候，薪水並不高，較大的一筆，是他推銷產品的抽成。他每賺到一筆錢，除了日常必用的那部份，全部交給母親。

在打工期間，他從未奢侈、浪費，他都是吃路邊攤，他的衣著，沒有一樣稱得上高級。等他想創業的時候，他手裡已經有五萬元的創業資金。

存錢不應該是生活的目的，但是沒有錢，生活就會沒有目的。

假如我們沒有多餘的錢可以讓自己支配，而且四處欠債，我們為了一頓美味佳餚、一套衣服，給女朋友過一次生日，就把自己所有的存款花掉，誰願意與你成為朋友？誰願意在關鍵時刻支持你？

如果是這樣，我們不但是在透支我們的錢，同時也在透支我們的信譽，埋葬我們的明天可以得到的機會。

以上這四點都非常簡單，任何人都可以做，但是很多年輕人就是沒有做。原因就是二十幾歲的男人，只知其簡單而不知其重要。

問問到四十多歲還一事無成的人，我們就會知道，他們在二十幾歲的時候，沒有一天做過這四件事。

作為二十幾歲的年輕人，不想在二十幾歲無事，三十幾歲無錢，四十幾歲無成，那麼今天，就在今天，馬上去做這四件事。

每天晚上計算成本和收益

因為猩猩沒有成績單，所以牠們才沒有從樹上下來進化成人。

——張禮文

美國心理學家羅斯和亨利做過一個著名的回饋效應心理實驗，實驗證明，階段性的考核對人的學習和成長是非常重要的。

他們的實驗是在學校裡進行的，把一個班的學生的學習成績，不分好壞分為兩組，第一組每天學習後就進行考試，第二天早上公佈考試成績，並且幫助他們找出問題；第二組既不考試也不複習，讓他們按部就班的學習。

八個星期之後，兩位專家集合全班學生，進行考試，考試成績出人意料，第一組學生的成績遠遠高於第二組學生。此後，他們把兩組學生對調，按照原來的方式做實驗。八個星期之後，發現原來第二組的學生的成績，又遠遠高於原來第一組的學生。

這個實驗說明，在學習過程中，對一個學生進行不斷的監督、加強，對學習的促進作用也會不同。及時知道自己的學習成績和自己需要彌補的地方，矯正自己努力的方向，會對下一步的學習有重要的促進作用。

在我們上學的時候，老師為了瞭解我們知識掌握得如何，會有諸如單元測試考試、期中考試、期末考試等。從這些考試的成績中，我們可以知道自己哪一部份學得好，哪一部份沒有學好，然後根據成績的好壞，再對自己的不足之處，進行學習。

假如從小學一年級到高中三年級，從來不考試，後果會是什麼？按照現在的錄取標準，恐怕沒有一個人可以考上大學。

沒有階段性的成績單，孩子們就沒有好壞的參考標準。既然學習和玩樂是一樣的，為什麼不去玩樂而去學習呢？

二十幾歲的男人，每一步都在嘗試，每一天都在更新，每一年都在調整。同時，我們也需要小成功讓自己變得有自信，需要一點一點的嘗試辨別，所以我們必須來證實自己二十幾歲時的每一步每一年。怎麼證實呢？那就需要不斷的總結、核算，然後加以判斷。

二十歲到三十歲這個過程，是我們人生主要的學習階段，學習的範圍非常廣泛，唯與學校不同的是，這些學習不像在學校裡一樣，有一個實際的成績單檢驗我們學習得如何，而是讓我們不知道今天應該做什麼，明天應該做什麼，不知道做這些到底為什麼。處在這樣的情況下，我們年輕人，很多時候是放任自流的。

對於男人來說，三十歲是人生中的大考，就是從這次大考中，決定社會成員的等級。不要說三十歲以後就會明白，明白了，晚了，有什麼用？

二十幾歲的男人，由於心理不成熟，自我約束不強，很難抵抗來自各方面的誘惑，如果不能隨時對自己的行動進行成本核算，恐怕就是「我不知道我是誰，我也不知道為了誰」。

在社會上，沒有人給我們人生的每一個階段發成績單，更沒有老師告訴我們哪一點做得對，哪一點做得不對。最關心我們的是父母，但是父母也未必知道我們真正想要的是什麼。在我們確定自己想要什麼的時候，就要每天晚上對自己進行考核。

每一天晚上，我們上床的時候，利用五分鐘的時間，問自己以下幾個問題，看看答案是什麼：

■今天做了什麼事？

■今天做這些事，對自己有什麼好處，有什麼壞處？

■今天哪一段時間過得最有意義？哪一段時間最沒有價值？

■今天做的工作，對自己的現實目標，產生什麼作用？

■今天哪件事最不應該做？

■今天做的事有什麼缺憾？

■今天自己最大的損失是什麼？

■明天應該做什麼？

每天晚上堅持這樣做，就會讓我們在正確的方向上，以最短的距離向目標靠近，不至於讓自己在錯誤的方向上，越走越遠。

每天都要對自己的付出與得到，進行成本與收益的核算，就可以更清楚知道，明天有哪些事要做，哪些事還要進一步完善。每一天完善自己，每一年就能取得可觀的進步。到三十歲的時候，我們在不知不覺中，就已經遙遙領先相同年齡的人。

夕陽是白天的句號，滿天星辰是我們內心的盤點，得失盡在其中。

讓大腦保持高度自由

我們在想什麼，思考什麼，只要我們不說，就沒有人知道，更沒有人限制。

——張禮文

在這個社會裡，人分為兩種：一種是管人的，一種是被人管的。人不可能從一出生就去管別人，不論是聖人還是偉人，更不用說像我們這樣的一般人。

人都是先被別人管，然後再去管別人，從過去到現在都是如此。一個人從出生開始，就被父母管，上學被老師管，上班被老闆管。結婚之後很可能被老婆管，老了需要子女管。反正只要我們的地位不夠高，職位不夠大，錢不夠多，被管的可能性就是百分之百，這一點毫無疑問。

在社會中，很多二十幾歲的男人，帶著精心設計的履歷，到不論與自己的專業有關或是沒關的公司自我推薦。在面試的時候，絞盡腦汁的應付面試主管的刁難……大家這樣做，可以說是在找工作，也可以說是在找一個地方被人管。

二十幾歲的男人，最不願意接受的事就是被別人管，畢竟被管是一件非常不快樂的事。可是我們找不到工作，沒有人管了，我們也不會快樂。看來，不被別人管未必是一件好事。

我們被人管的目的，其實就是為了有一天管別人。經過自己的奮鬥，成為公司的高級主管，管理公司的人和事；或是自己開一家公司，管著一群人，讓他們為自己創造財富。

被人管的滋味是不好受的，行動不自由，說話不自由，但是有一樣是誰也管不了的，那就是我們的大腦和思維。我們在想什麼，思考什麼，只要我們不說，就沒有人知道，更沒有人限制。

遺憾的是，現在二十幾歲的年輕人，一旦被人管，思考就被限制了。無條件的服從、沒有任何藉口的執行，成為一種文化附加給我們的時候，我們的大腦便失去了自由。這樣的結果是，一生被別人管，一生做別人吩咐的、不一定是自己喜歡的或是願意做的事。

為此，我們抱怨，並且在抱怨中羨慕那些擔大任、成大事、發大財的人。可是抱怨歸抱怨，羨慕歸羨慕，就是不想為什麼別人能擔大任、成大事、發大財，自己卻不能。想發財，就是沒去想靠什麼發財。

任何事，首先是我們必須想到，然後再做到，它才有可能成為一種財富，成為一種證明。但是，連想都不想，又談什麼成功呢？

能想到別人想不到的，只有保持大腦的高度自由，才可以做到。大腦的思考不受框架的約束，思維沒有行業優劣、身份高下、資本多少的限制，才會敢想，敢突破。

很多人看上去都可以按照自己的意願，去自己想去的地方，見自己想見的人，做自己想做的事，似乎他們是完全自由的。但是，這個社會上也存在著一個巨大的思想監獄，裡面也住著數不清的人，儘管這個監獄沒有看守，也沒有人想出來，只有更多的人進去。

這個監獄，就是我們對自己大腦、思維的限制，隨時提醒自己不能胡思亂想，不能異想天開，不做非份之想。總之，不應該自己想的就不要想，想了就是幻想、妄想！

二十幾歲的人，只要把自己的大腦和思維放進這所監獄，一生的命運就註定是貧窮、平庸和平凡。

窮人和富人的差別在哪裡？就是面對同樣一件事，富人總比窮人多想一點點而已。

沒有人會限制窮人想什麼，而是他們自己認為，多想了會痛苦，多想了會受傷，多想了會被別人恥笑，於是便以為了自己安全的名義，把自己的大腦和思維放進那座無形的監獄中，給大腦的自由和空間非常有限。讓大腦和思維從那所監獄裡出來，對他們來說是一種違背和叛逆，甚至是危險的。

這樣的人，很像鸚鵡魚。

在歐洲地中海有一種魚，名叫鸚鵡魚，牠長得和鸚鵡一樣漂亮，全身色彩豔麗，有紫紅色的脊背，玫瑰紅色的腰身，淡黃色的胸部，灰黃色的背鰭，尾部有白色的邊。可以說，牠才是魚類中名副其實的美人魚。

這種鸚鵡魚的致命弱點就是怕死，常常擔心自己被人抓去，被其他動物吃掉。即使是在非常安全的地方，牠依然憂心忡忡。為了確保安全，白天活動時，都和同伴在一起，行動一致。晚上同伴們都睡著了，該怎麼辦呢？牠們想出一種辦法，就是在夜晚到來之前，給自己穿上一層非常結實的安全衣，把自己緊緊的包裹在裡面，確保晚上的安全。

鸚鵡魚的安全衣是牠們自己織的，每到夜晚來臨的時候，牠們就會選擇在自認為安全的地方，從嘴裡吐出白色的絲，在腹鰭和尾鰭的幫助下，從頭到尾織成一個非常結實的外衣，把自己緊緊的包裹起來。正是由於這種外衣的保護，別的動物因為不知道這是什麼，就不會侵害牠們。

鸚鵡魚不怕麻煩，為了自己的安全，牠們每天都要睡在自己編織的安全衣裡，以保證自己不被外來的敵人侵害，並且可以沒有顧慮的睡覺。正因為牠們覺得自己的安全衣很重要，每一次織的時候，都盡可能的多織幾層，讓它變得非常結實。可是這也會導致第二天早晨，鸚鵡魚要用好大的力氣才能把安全衣撕破，以便自己從裡面鑽出來。

很多鸚鵡魚在生病時，或是自己太弱小而安全衣太結實，就可能沒有足夠的力氣撕破它，時間一長必死無疑。因為，鸚鵡魚從不救助困在安全衣裡的同伴，牠們會認為同伴還在睡覺，不便打擾。

所以，對於防衛意識超強的鸚鵡魚來說，最大的危險不是來自外界的傷害，而是因為太注意自己的安全，死於自己對自己過度的保護。

我們小時候，都是在家庭、父母的保護下長大的，他們教育我們做人要誠實、守本份。在他們眼裡，我們因為年輕，涉世不深，城府不夠，想的多做的少，做事草率，容易衝動，考慮問題不夠周到……總之，他們不願意我們在小時候，有自己的想法和見解，有自己的選擇和判斷。因此，他們不想讓我們從他們的視線裡消失，更希望知道我們在想什麼，在做什麼。

我們這一代的人，最大的悲哀，不是物質上的缺乏，而是思想上的禁錮。受到父母和老師的影響，我們在身體和思想上，從來沒有給自己充份的自由。

等我們到了二十幾歲的時候，有權利決定自己想什麼、做什麼的時候，卻已經形成一種習慣，在行動上，只去我們熟悉的地方，選擇與我們熟悉的人在一起，這是保護自己不受傷害的一種網；在思想上，已經不像小時候對什麼都感興趣，對什麼都想一探究竟。懶得去想，就成為一種流行想法。

不願意去想，懶得去想，導致最後不會去想。在思想上，二十幾歲的人，就變成生病的、弱小的鸚鵡魚，已經無力撕破包裹在腦袋上的網，在網裡變得麻木、呆板，對新事物、新現象不會積極主動的分析思考。等到別人抓住從自己身邊溜走的機會的時候，看到別人發財成功的時候，才後悔當初自己為什麼沒想到。

曾經是亞洲首富孫正義，無論什麼時候都保持著自己大腦和思維的自由，因此，他成為一個有遠見的人。有些人會反對說：「那是他有本錢和實力。」但是，這裡要強調的是，他在上學的時候，就不停的想：有沒有一天只要工作五分鐘，一個月能賺二十幾萬元的工作呢？

有很多事，我們只有見到別人做到了，才會問自己為什麼沒有想到，而不問自己那時候想了嗎？

一切皆有可能的前提是，我們要保持大腦和思維的高度自由，不受任何約束，讓它能觸及到社會的每一個角落，落在別人沒有想到的地方。

適當把握和每一個人的距離

七品縣令一直得不到提拔，因為離皇帝太遠；丞相被滿門抄斬，因為離皇帝太近。

——張禮文

對二十幾歲的男人來說，最難把握的，恐怕是別人與自己的距離。

在社會上，我們和每一個人都有一定的距離，只是遠近不同。與我們有直接關係的，是與朋友之間的距離、與主管和同事之間的距離。

人與人處於不同的距離，感覺就會不一樣。但是不能說距離遠就是安全，距離近就是親密。我們正是因為年輕而不能掌握彼此的距離，吃了大虧，受盡苦頭。

在這個世界中，人是統治者，不論是龐大的鯊魚、兇猛的老虎、弱小的雞鴨，生命都在人類的一念之間。個體的死活，種類的存亡，都和人類的距離有直接的關係。

對於動物，人類好像無所不殺。許多鳥獸在人類近似瘋狂的捕殺之下，瀕臨滅絕。唯有一種動物，離人們似乎很近，卻又很遠，人類從來沒有對其捕殺過，而且還加以保護，這種動物就是燕子。

論漂亮，燕子不如鸚鵡，論嗓音不如黃鶯，論作用不如啄木鳥，論飛翔不如雄鷹，似乎對人類也沒什麼太大的作用，但是，人類並不因為無用而殺牠，與牠一樣的麻雀卻不能倖免。

這就是燕子藝術的把握自己與人類的距離。

所有的鳥類，為了躲避人類的捕捉，都選擇遠離人類。牠們認為離人類越遠越安全，所以把巢築在大樹和深山之中。

然而，對人類來說，空間的距離並不算什麼，連七歲的小孩都會爬樹抓鳥，更不用說提槍設陷阱的大人。人們走進深山，爬上大樹，把鳥甚至鳥蛋，全部擺上酒桌。

燕子沒有選擇遠離人類，牠知道，自己的快，快不過人類的槍；住得遠，遠不過人類的視線。於是，牠乾脆把巢築在人類的屋簷下、樑柱上，與人類共處。但是，牠又選擇獨立，不用人類為牠做任何事，牠的一切都靠自己來完成。

燕子的生存哲學的實質，就是距離的哲學，牠與人類保持最佳的距離。牠選擇永遠在

人類的視線之內，讓人類對自己放心；選擇獨立，不成為人類的負擔，堅持活動的自由和精神獨立。

與人類在一起，不影響人類的生活，是燕子的生活原則。講衛生，始終保持巢穴的乾淨和美觀；不喧囂，沒有因為人類的友好而大肆放縱不懂事的孩子，牠會在孩子吵鬧的時候，把牠們帶走。燕子往往遵循人類對自己的情緒起落，安排自己的生活。

那些為了使自己生活得更安逸一些，品質更好一些，而與人類靠得很近，甚至是零距離接觸的動物，例如：雞、鴨、鵝……結果卻是成為人類的食物。

我們小時候，和父母、親人的距離，可以說是零距離，無論我們說錯什麼、做錯什麼，他們都會原諒我們、幫助我們；讀書的時候，與老師、同學之間的距離有遠近之分，但是整體來說，不牽涉實質性的利益，遠近只和感情有關係。即使涉及到班級排名、幹部競選、升學，這也取決於自己的實力。

人與人的距離既微妙又重要，如果不能適當的把握，將會給我們帶來無窮的煩惱，甚至是無謂的災難。可以說，一個人的成功和失敗，都和與其他人的距離有關係，真是成也距離，敗也距離。

很多年輕人，認為與朋友的距離越近越好，其實不然。朋友分為許多種，與不同性質的朋友保持不同的距離，會使我們的生活既簡單又充實。

我們要有二、三個可以交心的好朋友，可以與他們保持零距離，苦惱可以向他們傾訴，快樂可以與他們分享。為這樣的朋友做任何事，都是我們的快樂。

這種朋友的特點是：為人正直，人品高尚，沒有不良的嗜好和習慣，有責任感，有事業心。他們不會為任何利益出賣我們，把維護我們的利益當作義不容辭的責任。我們對他們也是如此。這樣的朋友，可能平時並不怎麼來往，但是他們總會出現在我們需要他們出現的地方，不求任何回報、無私的給予我們幫助。

我們要有五到十個事業上和工作上的朋友，與這樣的朋友交往，距離不能太近，也不能太遠。和這些朋友在一起，可以吃飯、娛樂，也可以討論工作上的問題，但是不能涉及他們的私生活，也不能讓他們涉及你的私生活。

對這些朋友，我們要講原則，講誠信。做什麼事，要把條件、過程和結果，彼此的責任、義務和利益講清楚，然後盡力的履行。我們對這樣的朋友，不能輕易承諾什麼，一旦承諾，必須兌現。總之，雙贏是我們交這種朋友的目的。

共同合作，共同發展，是我們和他們做朋友的先決條件。但是因為是朋友關係，在同等的條件下，他們會把賺錢的機會給我們，推動我們的事業不斷的向前推進。

與其他熟悉的人，我們要與其保持較遠的距離，但是可以在彼此的視線之內。不與他們發生任何金錢、利益、合作關係，不介入他們的生活和社會活動。

與這樣的人保持這樣的距離，與他們不能成為朋友，也不能成為敵人。我們不希望他們可以為我們帶來什麼好處，只希望他們不陷害我們。

如果我們不把朋友分類，對朋友都一樣的投入，一樣的來往，就會把我們拖入人情交往的沼澤中，有沒完沒了的應酬，沒有任何意義的時間和精力的浪費。我們在二十幾歲的時候，每一天的時間都很寶貴，如果把時間浪費在與這些人來往上，這幾年可能什麼都做不成。

有些人說朋友多了路好走，其實不然。不把朋友分類處理，與不同的朋友保持不同的距離，而是彼此不分，遠近不分，到關鍵時刻，我們就別想指望誰。這樣下去，值得信賴的人會遠離我們，小人會吃定我們，利用對我們的瞭解，把我們當成他們爬高的墊腳石。

我們有勢時眾星捧月，門前車水馬龍；一旦失勢，則樹倒猢猻散，牆倒眾人推，有的人甚至還會落井下石。

在公司與同事的距離，也應該像朋友一樣保持幾種距離。

與主管的距離，很有講究。我們不能認為離主管的距離越近，晉職、加薪的機會越大，其實不然。與主管距離近，當然可以取得信任、賞識和關心，但是也正因為太近，主管也會把我們看得更清楚，知道我們的弱點和缺點，結果只會被他們利用，再利用。

和這個主管的距離近，我們就會成為其他主管的提防目標，或是打擊目標。

主管之間和諧的少，總是存在一些矛盾。一旦矛盾白熱化，斬其羽翼是主管的對手最先做的事，棄車保帥是主管最後要做的事。總之，吃虧的是我們。

離主管太遠，主管看不見我們，自然想不起我們，任何發展的好機會都可能與我們擦肩而過。一旦人事發生變動，主管總是先除去與他們最遠的人。

總之，與主管的關係，必須因人、因事、因時、因勢、因問題，好好把握，仔細拿捏。要始終保持清醒的頭腦，冷靜的分析，正確把握自己與主管的距離。

不要陶醉於一般人的羨慕

很多人不想吃鮑魚，因為他們不知道鮑魚是什麼味道。

——張禮文

二十幾歲的年輕人，都知道「坐井觀天」的故事，都覺得久處井底的青蛙實在是可笑，結果也是一笑置之，唯一能做的，就是把這個故事，當作哄孩子睡覺的故事。

其實，我們何嘗不是一隻井底的青蛙呢？特別是生活在社會最底層、出生在偏遠地方的人，或者在小公司裡工作的員工。在一種自己難以察覺的井中，自以為還有許多的時間，浪費了從二十到三十歲的大好青春。

一個二十幾歲的人，透過自己的努力，如果已經是他認識的人當中過得最好的，或是在周圍所有人當中，他是最有能力的，那麼，他就很難超越自己。

只有比較，才可以激發自己奮鬥的欲望和激情，才可以更大限度的挖掘自己的潛力，才可以做最好的自己。

所有世界上最好的體育成績，都是在大賽中創造的。在運動員平時訓練中，如果他總是打破世界紀錄，他就不是人而是神。

競爭和比較，才是促進個人、國家乃至社會不斷向前發展的動力。只有找到自己的參照，才會知道自己缺少什麼，應該做什麼。

不知道自己想要什麼的人，他一輩子什麼都不會得到。

在紐約郊區的一個小鎮裡，有兩個村民，比爾和傑克，他們兩個人是村裡最富有的人——相對於本鎮來說，其實那是很窮的一個小鎮。他們的富有，只不過是比其他村民不缺吃少穿。

比爾生了一個孩子叫小比爾，傑克生了一個孩子叫小傑克。他們教育孩子的理念，有很大的不同。

比爾告訴孩子：「我是鎮裡最富有的人，你是最富有人家的孩子，將來爸爸的工作由你繼承，你依然是鎮裡最富有的人。」小比爾相信大比爾的話，每天都跟著父親趾高氣揚的在鎮裡閒逛，像父親一樣，對相同年齡的孩子說長道短。

傑克告訴小傑克：「我儘管比鎮裡其他的人富有，但是和紐約市的人相比，可能是最窮的人。」只要傑克有時間，就帶著小傑克到紐約市，逛只有富人才可以逛的商店，看那裡琳琅滿目、價格不菲的商品，看富人毫不猶豫購物的情景；到富人區看他們住的豪華別墅和乘坐的豪華馬車；累的時候，就到紐約市最豪華的大酒店的大廳裡坐一坐。

在豪華的酒店裡，坐在柔軟、舒適、華貴的寬大沙發裡，看著服務生熱情的招呼穿著高級西裝的客人，提供各種周到的服務。在那裡，小傑克才知道，在這樣的酒店住一晚，要花費他們全家一年的收入，在那裡喝一杯咖啡，就會花掉父親一星期的辛苦錢。

傑克告訴兒子：「住在酒店和別墅裡的人，才是掌控其他人命運的人，因為他們有改變別人命運的能力。他們小的時候，也和自己一樣貧窮，但是他們憎恨貧窮，渴望富有，非常嚮往今天這樣的生活，然後透過自己的努力，才有了今天……」

回到鎮裡，當窮人像羨慕小比爾一樣羨慕小傑克的時候，小傑克就會說：「不要羨慕我們，到了紐約市，你們就會發現，你們羨慕的對象什麼都不是。我和你們一樣，還需要好好奮鬥，才可以成為紐約市的富人。世界上沒有最好，只有更好，為了讓自己活得更好，一定要努力追求。」

小傑克一直努力讀書，大學畢業後先在小公司工作，然後被挖角到比這家公司更好的公司。「沒有最好，只有更好」的生存理念，一直引導他不斷向前，向前。三十年後，他已經是紐約市婦孺皆知的富翁。

但是，三十年後的小比爾，依然和他的父親一樣，生活在那個小鎮裡，唯一的變化是，他已經不是鎮裡最富有的人。

我們年輕的時候，父母經常教導我們說：寧為雞首，不為牛後。在一個小圈子裡，我們混成有模有樣的時候，抱著這句話洋洋自得的時候，這句話就變成我們這樣混下去的處世箴言。但是，做雞頭做得再好，也是一隻雞；可是儘管暫為牛後，也有變成一頭雄壯的公牛的可能。

不想當將軍的士兵不是好士兵，這句話沒有錯，但是，前提是當將軍這個信念，必須隨時存在一個士兵的心中，而不只是在自己當二等兵的時候才有。一旦當上連長、營長，幾百人見到自己畢恭畢敬，有人心甘情願服侍自己的時候，千萬不要忘了當初自己是為了當將軍才當上連長和營長。

如果這時候忘了當將軍，可能連旅長都當不上，營長也未必當得好。

二十幾歲的男人，是靠學習和借鑒來完善自己。如果你身邊沒有一個人值得借鑒和學習，就會自滿自足，你的人生和事業就會止步不前。

世界上任何一口井，都是井的主人自己挖的。二十幾歲的男人，注意力應該放在腳下通往遠方的路上，而不是停下來挖一口井，讓井壁擋住自己的視線，最後成為井中只比魚跳得高一點的青蛙。

身邊常備「責任」這劑良藥

一定要做自己喜歡的工作，就等於一定要娶女明星做老婆一樣。

——張禮文

二十幾歲，可以說是人生中愛憎最分明的人生階段。喜歡一個人或者一個環境，無以復加；恨一個人或者一個環境，恨之入骨，恨得徹底。

愛與恨，無形中決定我們很多的選擇，包括選擇工作和朋友。

人生最大的樂趣，就是與自己愛的人和愛自己的人在一起，做自己喜歡的事。

但是人生不如意之事十之八九。在職場上，我們很難選擇誰做自己的同事，做的工作也未必是自己喜歡的。不喜歡就放棄，那麼，我們只能選擇做一個職場裡的鴕鳥，不停的跳槽，跳槽到最後，連自己都討厭自己。

其實反思一下，我們從出生那天開始，就很有可能與自己不喜歡的人，在不喜歡的環境裡生活學習。例如，我們可能有粗暴的父母，有貧窮的家庭，身邊會有品行不良的人，考進失望的學校，學自己討厭的課業……

這些我們都忍受了，為什麼不能再忍受工作上的主管和同事呢？

二十幾歲的人，非常容易喜歡或是憎恨一個人，表面上看，這是人的性格問題，其實還是有無責任感的問題。

二十幾歲的人，最討厭的就是責任。這個年齡的人，認為有責任就會失去自由，有責任就會失去自我。不能自由自在的生活，人生就沒有任何意義。

世界上根本就沒有徹底的自由，萬能的上帝再仁慈，也不能滿足每一個人的要求。

假如你是上帝，當三個年輕人同時愛上一個美麗的小姐，都想娶到這個小姐。作為上帝的你，能同時滿足三個人的願望嗎？結果只會有一個人實現自己的願望，變成這個小姐的丈夫，另外兩個人選擇放棄，嘗試著成為別人的丈夫。

這是責任，愛一個人的責任，愛自己的責任。

其實，年輕人不知道，**責任，是世界上醫治所有創傷的良藥**。一個人心懷責任，就能控制自己的情緒、欲望和行動，就會知道應該做什麼，不應該做什麼。

不知道自己角色的人，在舞臺上不僅失去自己，失去的也許還是讓自己成為明星的機會。

美國著名心理學博士艾爾森，針對「只有做自己喜歡的工作才能有所作為」的論斷展開調查研究。他拜訪一百個在不同領域取得優異成績的人，結果出人意料，其中有六十一個人說，他們現在從事的行業，並不是他們當初非常喜歡做的行業。讓他們取得輝煌成績、獲得名利的行業很多是他們當初不知道，或是知之甚少的。

為什麼六十一%的傑出人士竟然在自己不感興趣、一無所知的行業裡，做出讓人仰慕的成就呢？難道是被調查的這些人是天才，或是他們有過人的天賦和超強的適應能力，還是他們善於改變和接受呢？

帶著這樣的疑問，艾爾森博士又拜訪沒有接受調查的各界精英。出人意料的，這些人也是一樣，他們從事原本不是父母期待、自己理想中的行業。不過這一次博士加了一個為什麼，那些傑出人士給的答案，居然驚人的相似。

那些人說，儘管自己做不是自己喜歡的工作，但是責任使他們在自己不喜歡的行業裡堅持下來，是責任使他們在自己不喜歡的職位上，取得那些成績。

其中紐約證券公司的專業經理人麥克的經歷，讓博士找到所有疑問的答案。

麥克的父親是美國著名的演講家、深受美國民眾尊重的暢銷書作家。麥克從小就非常喜歡文學和創作，並且把父親當作自己的偶像，希望自己長大之後，也像父親一樣，透過自己的作品去改變別人的命運。

讓他沒有想到的是，高中畢業之後，他考上一所知名的財經大學，學的是國際貿易。優秀的父親在日常生活中，已經教導麥克把優秀培養成自己的習慣，不論何時何地，他都要做優秀的人，包括在這個他不喜歡的大學和不喜歡的科系裡學習。他現在唯一能做的就是讓自己各科的成績都很優秀，把文學創作當作休閒愛好。

由於他在各方面的表現都非常優秀，畢業的時候，被學校選為唯一的保送生，保送到美國麻省理工學院，攻讀想在經濟管理上有所作為的人都可望而不可即的ＭＢＡ，後來，他又以震驚華爾街的論文，拿到經濟管理的博士學位。

現在麥克已經是美國證券業界的知名人士，他的言行直接影響著美國股市。現在年薪已經五千多萬美元的麥克在接受艾爾森採訪時，依然心存遺憾的說：「假如生活可以重來的話，我會毫不猶豫的放棄我的年薪和職位，像父親一樣，接受別人的鮮花和掌聲，我想，那才是我真正的生活，因為這麼多年來，我一直為自己沒有成為作家、演講家而成為金融家、投資家而遺憾！不要看我在金融界可以呼風喚雨，但是我至今為止，一點都不喜歡這樣的工作和社會角色。」

艾爾森博士為了讓這個成功人士幫助自己找到答案，很直接的問：「既然你考上自己不喜歡的大學，為什麼不放棄重來呢？為什麼還能取得優異的成績，並且被保送到麻省理工學院，學習ＭＢＡ？到後來為什麼能寫出震驚華爾街的博士論文？為什麼能成為年薪五千多萬美元的專業經理人？」

麥克聳聳肩，雙手一攤，似乎很無奈的說：「**夢想歸夢想，現實歸現實。生活中的事，十之八九不受我們主宰。上帝把我們放到那個位置，我們能做的就是把那個位置上的工作做好，因為那是我真實的社會角色，我沒有任何藉口不做到最好。**我不喜歡是我個人的事，但是我扮演不好我已經穿上行頭的角色，就不僅僅是我個人的事。我不能因為那是我不喜歡的就放棄，隨便應付，我必須盡心盡力，盡職盡責。那是對自己負責，對公司負責，對社會負責。如果這個社會上的人都去做自己喜歡的事，我想美國的年輕人都應該在ＮＢＡ球場上或是棒球場上，而不是在公司裡，那是非常可怕的事。」

最後，麥克語重心長的說：「**責任，可以改變一切，也可以創造一切。**」

做自己喜歡的事才可以成功，這句話是對的，但也是不負責任的。二十幾歲的男人，做自己喜歡的工作，更可以讓自己富有激情和動力，可以更徹底的挖掘自己的潛力。但是，並不是所有的人都可以處在自己喜歡的環境裡，和自己喜歡的人在一起，做自己喜歡的事。很多時候，事與願違，才是經常碰到的事。

在法制社會，沒有人會強迫我們做什麼，不做什麼。但是，二十幾歲的男人無法控制自己的命運，自己不得已進入並不十分喜歡的領域，為了生活做著並不十分理想的工作。**既然無法得到自己的選擇，就愉快的接受自己的被選擇**。任何的牢騷、消極、懈怠只是害人誤己，是對自己、家人、公司、社會的不負責。唯有把應該做的工作當作一種不可推卸的責任擔在肩上，全心的投入其中，才是正確與明智的選擇。

二十幾歲的人，只有具備「在其位，謀其政，盡其責，成其事」的高度責任感，才可以把自己不喜歡的工作做好，和自己不喜歡的人共事，才可以取得連自己都無法相信的成功。

第六章：我們要掌控什麼？

二十到三十歲的人生之舟，最容易偏離正確的航道。不是因為風大浪急，而是航道太多。但是，對我們而言，只有一條航道是正確的。

這十年，對一個男人來說，不主動掌控，就會被動失控。

承認失敗要趁早

扔下手裡的稻草，才可以撿起腳下的金條。

——張禮文

在一個企業新產品研發新聞發表會上，有一個記者問這家企業的總裁——一位非常成功的企業家：「你們對這次新產品研究開發，有百分之百成功的把握嗎？」很多人認為一向自信的總裁會說：有。但是總裁卻說：「如果我說有，我的員工一定會說我是瘋子。」

記者問：「如果研發不成功，您該怎麼辦？」

總裁毫不猶豫的說：「接著做。」

記者接著再問：「如果還是失敗呢？」

總裁非常自信的說：「繼續做。」

記者似乎故意想讓總裁出醜，繼續問：「如果第四次的結果還是失敗呢？」

總裁仍然自信的回答：「放棄！」

記者接著問：「貴公司似乎沒有失敗和放棄的先例，這也與貴公司的傳統不符啊！」

總裁幽默的說：「因為放棄和失敗在成功的前面，你們總是來晚了，自然只能看到我們的成功。」

總裁包含哲學和禪機的話，頓時博得記者們的掌聲。

我們從小就被教育，堅持就是勝利。任何中途放棄和退出的人，都是可恥的。但是，任何堅持並不是沒有前提的，那就是在正確的時候，在正確的方向上做正確的事。在錯誤的時候，在錯誤的方向上，我們再堅持，只會導致我們在錯誤的道路上越走越遠。

我們深受愚公移山、鐵杵磨成繡花針的故事影響，覺得什麼事，只要自己喜歡，選擇了，堅持了，奮鬥了，不怕失敗，跌倒了爬起來，就一定會成功。事實上是這樣嗎？

自己喜歡做的事有很多，喜歡打籃球就能成為ＮＢＡ明星嗎？恐怕不行。喜歡唱歌就能成為歌星嗎？恐怕不行。我們的愛好和職業有關係，但是我們的愛好並不能成為我們的職業。

識時務者為俊傑。所謂的識時務者，不僅做自己喜歡的事，而且做自己能力範圍之內的事。一件事，如果不做誰也不知道會不會成功，只有做了才知道。所以，作為二十幾歲的男人，不怕輸、不怕失敗是好事，但是盲目的不怕輸、不怕失敗還是不行的。

作為年輕人，想做的事一定要去做，不然會後悔一輩子。想做就運用一切力量去做，全心投入，成功了更好，不成功也在情理之中。第一次失敗了，進行檢討，尋找失敗的原因、成功所欠缺的條件，然後再準備，再嘗試。失敗是成功之母，既然如此，我們就要看看自己的失敗和自己夢想的成功是不是有關係，我們爬起來是不是為了再一次摔倒？任何成功都是需要條件的，靠我們自己和能借用的能力，能不能滿足？

如果答案是否定的，那麼趕緊放棄。再堅持就是失誤，再再堅持就是錯誤，再再再堅持就是要把終生貽誤！二十幾歲的人，有揮霍的習慣，但是不要揮霍我們這段決定人生的寶貴時間。人生有涯，能力有限，大千世界中誘惑太多，而我們能實現的太少。**二十幾歲的人，實在不應該說自己還有很多嘗試的機會，因而毀於沒有收穫或是收益非常微薄的奮鬥之中。**

不要說曹雪芹窮其一生，餓死妻兒，寫成一部世界名著；也不要說潦倒的梵谷死後，他的《向日葵》價值過億……如果有人要你做一件事，堅持做一百年一定能做成功，你會堅持做嗎？我想不會，因為你首先想的是，自己能不能活到一百歲。即使能活到一百歲，事情成功之後才有收入，那麼，誰會養你這麼多年呢？

做事貴在堅持，但前提是必須可行，自己透過各種關係，能滿足成功的條件。如果拚盡小命耗盡家財，還不可觸摸的話，我們就應該考慮與「堅持」說再見。

人生是一筆帳，我們必須學會核算自己在人生一個階段的投入與產出。低成本做人和做事，成敗得失之間，仔細考慮，學會選擇學會放棄，懂得堅持知道放棄，才是有智慧的人，才是有可能獲得成功的人。

明智的放棄，是兩相比較下的勇敢放棄。

垃圾，我們都知道要放棄，為了白金放棄黃金，就需要勇氣、見識和膽識。放棄，也是一種成本，經濟學上稱其為機會成本。放棄，就意味著放棄以前一段時間的奮鬥和成績，把自己擁有的東西歸零，以此為成本，投入到下一個機會當中。如果我們捨不得，不懂得放棄，什麼都不想放棄，可能就會錯過更大的成功！

別人能做的，我們未必能做到

人比人得活著，貨比貨得留著。

——張禮文

在河邊，甲鳥問乙鳥：「世界上什麼動物最兇猛？」乙鳥說：「當然是鱷魚。」甲鳥說：「別看鱷魚那麼厲害，我敢飛進鱷魚的嘴裡，用爪子踩牠的舌頭，用嘴啄牠的牙齒，甚至可以在牠的嘴裡排泄糞便，但是牠絕對不敢動。」

每個人都知道，鱷魚是最兇狠的動物，沒聽過有什麼動物到了牠的嘴裡還能活著出來。不要說是一隻小鳥，就是一頭壯牛，也不能從鱷魚的嘴邊全身而退啊！

乙鳥搖頭說不信，這時一條鱷魚剛吞食一頭到河邊喝水的麋鹿，嘴角還留著麋鹿的血跡，懶洋洋的躺在河邊休息。甲鳥見此情景，馬上俯衝下去，落在鱷魚的嘴邊。奇蹟真的出現了，鱷魚居然張開嘴巴，任由甲鳥在牠的嘴裡活動。甲鳥到了那裡，好像到了自己的家裡一樣隨意。甲鳥飛回來了，得意的對乙鳥說：「怎麼樣？看到了吧！兇猛的鱷魚也不敢把我怎麼樣。」然後便以不可一世的樣子飛走了。乙鳥想：不論是身體強壯、漂亮、飛行速度，自己都比那隻糟糕的鳥好上許多。鱷魚沒有理由不對自己友善而對那隻糟糕的鳥客氣。牠能做到的，我也能做到。乙鳥看看似乎是在睡覺的鱷魚，鼓起勇氣向鱷魚飛去。在鱷魚頭上盤旋幾圈，鱷魚閉著眼睛，根本沒瞧牠。於是，牠的膽子更大了，就像甲鳥一樣，站在鱷魚鋒利的牙齒上跳躍、舞蹈，甚至還唱歌。牠此刻認為，世界上很多看上去覺得自己不能做的事，其實並沒有想像中那麼困難。別人能做的事，只要自己想做，敢做，也可以成功。正當乙鳥陶醉於自己的勇敢和偉大時，鱷魚似乎連眼睛都沒睜開，上下牙齒輕微一閉，乙鳥就變成鱷魚沒有任何感覺的晚餐，連一根羽毛都沒剩下。

乙鳥至死也不明白，鱷魚為什麼不吃在各方面都不如牠的鳥，非要吃自己呢？難道自己天生就是一個倒楣鬼？為什麼別人能做到的事，自己就做不成呢？

原來甲鳥名叫鱷鳥，和鱷魚的關係非常好，可以說是相互依賴、利用的關係。鱷魚雖然是水域中最不講究情面的動物，但是牠也不是來者不拒，最起碼對牠有用的動物就不吃。

鱷魚吞食完一個動物之後，牠的口腔中、牙齒之間自然會殘留肉屑殘渣。如果這些肉屑殘渣長時間得不到清理，就會腐化變味，而鱷鳥以一不怕死、二不怕臭的精神來幫助鱷魚清潔口腔，細緻周到的服務，讓鱷魚感到非常舒服，同時獲得鱷魚牙縫中的肉屑。因為雙贏，各取所需，自然能相安無事。

任何雙贏的事，只有當事人知道，旁觀者未必清楚。

二十幾歲的人，有各自的成長背景、教育背景和生活背景，每個人也都有屬於自己的做人原則和處世之道。在進入社會的時候，遇事要多想一想，不要覺得別人做什麼我們也能做什麼，也不要想別人能做成什麼我們也能做成什麼。

特別是在進入新的公司工作時，一定要明白這個道理。任何公司都不會存在真正的公平，為公司創造同樣的價值，我們未必可以獲得和別人一樣的獎勵；做出同樣的成績，未必可以獲得同樣的晉升。各種不公平的事，隨時會在我們身上發生。原因就是，任何人為制定的規章制度在執行時都會打折扣。人與人之間有親情、感情、利益和利用等各種不為人知的複雜關係，這些關係會讓簡單的問題變得複雜，不能用常理解釋和推理。

乾隆皇帝明明知道和珅是一個大貪官，但是只要他不危害皇帝的權力，他就允許這個國家和社會的蛀蟲存在，因為他需要身邊有這樣的人存在。乾隆想到的和珅已經做到了，乾隆沒有想到的，和珅也做到了，總之事事都能讓乾隆說出兩個字：滿意！

和珅可以光明正大的做一個貪官，你敢試試嗎？和珅貪污一百萬兩銀子沒事，你貪污一百兩就可能掉腦袋。當著乾隆的面，不說和珅貪污還好，說了只會讓你死得更快。

在公司裡，同樣的話，在同一個場合，別人說了，沒事，我們說了，三分鐘之後主管就會知道了，哪一天主管莫名其妙的對我們發脾氣，我們可能還不知道為什麼。

總之，年輕人要識時務，應該說的話謹慎的說，不應該說的話，絕對不說。公司裡有許多小團體，各種利益相互交織，會讓我們左右為難。這時候，最好要保持中立，有靠山比沒有靠山還危險。主管之間的鬥爭，吃虧的首先是他們的爪牙。

作為社會歷練不深的年輕人，最好不要掉入比較的陷阱之中。人與人之間，是很難比較的。在一家公司裡，首先是要找對自己的位置，坐穩自己的位置，把自己份內的事力爭做到盡善盡美。只要公司付我們薪水，就不要想其他的事。

如果沒有資歷和本錢，就把自己簡單化。對自己身邊的是非事、是非人，最好還是保持一定的距離。當不了攻擊別人的炮手，也不能當別人的炮灰。任何成為替死鬼的人，一定是淌了哪條不見底的渾水。既然不知道渾水的深淺還淌，你不下地獄誰下地獄？

二十幾歲的男人，要敢於犧牲和付出，但是一定要犧牲得明白，才會增長見識，在確定得失的關係後再付出，才會有價值。

控制自己，就是控制未來

如果男人二十歲無知，就會導致三十歲無能，四十歲無財，五十歲無助。

——張禮文

我們在二十幾歲的時候，最害怕別人說我們無知。哪個人說我們無知我們就會據理力爭，即使嘴上不說，心裡也會恨他一輩子。

但是芸芸眾生中，很多人都是普通人，只有少數人可以實現自己的追求，把在二十幾歲時幾乎相同的夥伴們，遠遠拋在後面，成為他們仰視的對象。

沒有一個人甘願停留在社會的最底層，把自己的命運交給別人擺佈。可是三十歲以後，我們很多人變成一般人，簡單的食衣住行，就讓我們不斷的奔波勞碌，成為又累又賺不到錢的人。

人生是一步錯，步步錯。在二十幾歲我們錯了，也許需要我們用一生的時間去挽回被動局面，也未必能挽回。一百公尺賽跑，起跑的時候比其他人慢一步，追到終點也未必能追上。

二十幾歲的無知、可怕之處，不是我們不能做什麼，而是別人做什麼我們就盲目的跟著做什麼。別人做什麼我們就去做什麼，沒做之前就已經落在別人後面了，更何況適合別人做的未必適合我們做。

二十幾歲的人，會面臨很多誘惑。別人穿名牌衣服我們也穿，別人開車我們也開，別人考碩士我們也去考碩士，別人出國留學我們也出國留學……

聰明人有了錢不可怕，可怕的是他們有了錢以後，為一般人製造很多誘惑，使一般人在追逐那些誘惑的同時，忘了自己應該做什麼，最終成為聰明人賺錢發財的墊腳石。

製造電視遊樂器的商人，他知道年輕人打電動會耽誤學習，但是他為了讓更多的年輕人玩他的遊戲，更會利用年輕人自制力差的特點，把遊戲設計得令人癡迷，讓年輕人欲罷不能。

年輕人如果不知道控制自己的行為，在三十歲之後，就要為自己曾經的失控負責。

前英國首相，人稱鐵娘子的柴契爾夫人，是眾所周知的人物。在看到她在國際政治舞臺上把個人魅力施展得淋漓盡致時，就會覺得那是我們無法企及的。我們永遠無法成為首相，更不會像她一樣，對什麼都掌控得綽綽有餘。

柴契爾夫人名叫瑪格麗特・希爾達・柴契爾，出生在英國北部的小城市——格蘭瑟姆，父親是一個小雜貨店老闆。由於家境貧困，柴契爾夫人和普通人家的孩子一樣，沒有任何特殊的背景，更沒有得天獨厚的發展機會，一切都要靠自己奮鬥。父親能給她的就是嚴格的要求，要求她隨時要控制自己的一切，不能隨波逐流。

瑪格麗特六歲時，她身邊有好多與她同樣的小夥伴，那些孩子不像她一樣，嚴格要求自己，知道什麼事應該做，什麼事不應該做。夥伴們每天都是無憂無慮的在外面玩耍，做各種遊戲，而她卻不能。她必須幫助家裡做那些永遠做不完的事，即使是星期天，她也要和父母去教堂做禮拜。

有一次她做完禮拜回家，在路上遇到和她一樣大的孩子，他們在興高采烈的玩遊戲。那是什麼遊戲呢？她感到很有趣，但是她卻不知道名字。看到小夥伴們高興的樣子，她羨慕極了，但是她更知道，父親不允許自己做這樣的遊戲。

夥伴們玩的遊戲深深的吸引和感染她，她非常渴望自己也能像那些孩子一樣，盡情的奔跑，盡情的玩耍，不顧一切的玩。她也是孩子，和別的孩子一樣，渴望自由，渴望遊戲，渴望和小夥伴們一樣無拘無束。

在生活中，她卻像是一個小大人，做什麼都有板有眼，她必須跟隨著父親參加各種成人的社交活動，像成人一樣思考和判斷人和事。這些讓她感覺不到一點快樂，她不想和相同年齡的夥伴們過著迥然不同的生活。

父親嚴格的要求讓她失去很多原本屬於自己的快樂，她感到委屈，於是就去質問父親，她為什麼不能像那些孩子一樣去玩耍，而是必須像成人一樣，做這個做那個。

父親說：「正是因為你和他們一樣，**如果你想二十歲優秀，三十歲出眾，四十歲卓越，五十歲傑出，就必須比他們早一步做準備，你準備得越充份，與他們的距離就會越大。**這個世界上有很多誘惑，所以你必須學會控制自己的思維和行為。你做事必須有自己的主見，知道自己現在應該做什麼，不應該做什麼。成功難，不成功會更難。不能因為你的朋友在做某件事，你也去做或是想去做。不要因為怕與眾不同而隨波逐流，大家都在做的事，對他們的一生來說，未必是有益的。」

聰明的瑪格麗特聽了父親的話，頓時感到豁然開朗。從此以後，她更加嚴格的要求自己的行為。她知道，並不是多數人在做的事，就一定是自己應該做的事，人應該有自己的主見和取捨能力，只有這樣，你才會擁有比相同年齡的人更成熟的個性和更加出眾的能力。

無法控制自己的人，最後就會被別人控制。

二十幾歲，是男人把黃銅冶煉成黃金的開始，這段時間如果無法把握火候，黃銅不但變不成黃金，還極有可能變成黃色的泥土。

二十幾歲的男人，不能稱為男人，應該叫做男孩，個子都很高，眼界更高，看上去什麼都懂，其實什麼都不懂；迫切的渴望得到別人的關注，又沒有讓別人關注的本錢；覺得做什麼都很簡單，其實什麼事對自己而言，都不簡單。

極度自負又極度自卑，極度個性又極度從眾，極度勇敢又極度害怕承擔責任……總之二十幾歲的男孩本身就很矛盾。

脫離父母的背景，二十幾歲的年輕人其實沒有太大的區別，都是社會上的菜鳥，都同樣面對已經被分割完畢的社會。

如果把人生比做一次一百公尺賽跑，這個階段是人生的起跑階段，準備得如何，起跑得如何，對一個人的最後成績都會產生決定性作用。

我們每個人都有自己的二十幾歲——決定我們人生走向的二十幾歲，遺憾的是，能好好利用自己二十幾歲這段時間的人，總是少之又少。那時候我們總是認為年輕就是本錢，有許多的時間供自己揮霍，追求流行是最最重要的事，別人做的事自己要做，別人沒做的事自己也要做，但是就是不知道自己為什麼要那樣做。

二十幾歲的男人，心理的發育永遠落後於身體的發育。經過家庭和父母多年的教育，造就我們表面上的特立獨行和心理上的絕對從眾，不知道自己真正想要什麼，也不知道自己在現在應該做什麼，讓我們在二十幾歲這個大冶煉爐旁，忘記了最應該做的就是把黃銅冶煉成黃金這唯一應該做的事。

把黃銅煉成黃金，最關鍵的幾點是：

- 明白自己是在把黃銅煉成黃金。
- 在黃銅裡加入什麼原料，才可以引發它產生化學反應，最後變成黃金。
- 不能因為別人的需要而離開煉金爐，隨時準確的把握火候。
- 耐得住寂寞和孤獨，把注意力只放在得到金子上，不受其他誘惑的干擾。

只有這樣做，才有可能把黃銅煉成黃金。

總之，我們認為大多數人做的事才是正確的，自己不那樣做就會吃虧，就會落人之後。事實上並不是這樣，我們每一個人都是獨一無二的。別人可以讓他自己這塊黃銅變成泥土，而我們要的是黃金。

如何應付糟糕的老闆

一頭驢若想從驢圈裡變成千里驢，就必須知道如何應付驢性的驢長。

——張禮文

假如我們非常不幸，在自己非常喜歡的並且與自己發展目標吻合的行業裡，有一家規模很大、待遇不錯的公司接受了自己，可是這家公司的主管卻非常的糟糕：自私、狹隘、短視、無能、自負、好大喜功、優柔寡斷、陰損惡毒、睚眥必報……總之，所有我們討厭的東西在他的身上都能找到，這時我們應該怎麼辦呢？

很多年輕人說他如果不小心遇到這樣的主管，認為道不同不相為謀。既然遇到這樣的倒楣主管，還是躲遠一點的好。天生我材必有用，現在公司和主管多如牛毛，何必害怕找不到讓自己滿意的主管呢？

如果我們只是簡單的想賺錢，有這樣的想法其實沒有錯，但是我們如果想成就一番事業，這樣的想法絕對是錯的。因為一個人的天賦只能在某一個方面發揮，而不可能在很多方面發揮。假如讓諸葛亮衝鋒陷陣，大概一輩子都會打敗仗，萬一倒楣了，可能第一次上戰場就被對手給殺了。在武力上，運籌帷幄決勝千里的才智抵不上一股傻力氣。

在二十幾歲的時候，我們想要在將來有大的發展，只能先選適合自己發展的行業，然後在這個行業裡找一個舞臺，也就是到這個行業裡的一家公司工作，在工作中學習這個行業需要的創造力、運作力和掌控力，累積工作經驗，培養人脈資源，建立自己的品牌，也就是創建自己開公司或是到這個行業更好的公司談判的資本。

二十幾歲的男人，只要到各個公司面試過，都會體會到，在各個公司急功近利的今天，一個人的身價、工作的履歷、過去工作過的公司是不是五百大企業，對一個人尋找新工作、謀求更好的職位、待遇有多重要。

這個公司對我們二十幾歲的人很重要，但是我們對老闆來說並不重要。三條腿的蛤蟆不好找，兩條腿的人多的是。這就是他們招聘員工的想法。如果我們不幸在自己喜歡的行業的一家公司裡，遇到一個糟糕的主管，我們應該怎麼辦呢？

有一本書叫做《孫悟空是個好員工》，現在我們來分析孫悟空這個員工。孫悟空練就一身本事之後，想到玉帝那裡謀一個職位，靠自己的本事名列仙班。玉帝很糟糕，不想讓出身不好的石猴子加入自己的圈子。孫悟空沒辦法，只好造反，想透過武力達到目的。儘管大鬧天宮，把糟糕的玉帝折騰得有苦難言，最後還是被如來佛壓在五指山下。

後來，孫悟空找到發展的機會——助唐僧西天取經。如果取來真經，孫悟空便能成佛，就能實現自己的夢想。

唐僧是眾仙公認的「西經集團」的董事長，如果孫悟空要實現夢想，一定要靠他。可是這個董事長有仁——婦人之仁；有善——對敵友都善；有本事——只有對付孫悟空的本事。有這些也就算了，偏偏還長了一身誰吃了都能長生不老的肉——不得不讓所有的敵人念念不忘，想要沒有麻煩都不可能。

在遇到白骨精的時候，白骨精變成美貌村姑、白髮婆婆、拄杖老漢來欺騙唐僧師徒，想找到機會吃唐僧的肉。可是，作為員工的孫悟空，對西經集團忠心耿耿，不給白骨精任何機會，白骨精出現三次，三次都被孫悟空打死，沒有讓白骨精的詭計得逞。

孫悟空的動機純正，判斷無誤，採取的辦法也沒錯。但是他在糟糕的主管面前，採取行動的時間和地點錯了，導致孫悟空因為正確的維護西經集團的利益和董事長安全，而被取消在西經集團工作的資格，也讓他失去實現成佛的唯一機會，只能回到老家當猴子王。

假如後來唐僧被白骨精吃掉了，假如豬八戒因為師父被抓到高老莊而沒去花果山，假如……任何一個假如出現，孫悟空都會失去成就自己夢想的機會，他有再大的本事，再聰明的頭腦，也只能在花果山當一個猴子王。他遺憾的，可能不是唐僧被吃掉，西經集團的倒閉，而是自己與鬥戰勝佛的封號失之交臂。這樣，孫悟空就失去實現夢想的機會。

孫悟空錯就錯在他不瞭解唐僧，他想實現自己的夢想，首要條件是保住自己在西經集團的工作，而不是處處、時時彰顯自己比唐僧有本事，比唐僧擁有更正確的判斷力。孫悟空有火眼金睛，唐僧沒有；孫悟空能識別變成美女的妖精，而唐僧只能認識被打回原形的妖精。

唐僧是一個吃虧不長見識的傢伙，對敵對友都是一樣的仁慈，而不顧手下的理想、抱負、前途、安危。對與他想法不一致、不是同一個路線的人，就不假任何思索的把手下人開除，一句話就把手下人的勞苦功高都抹殺。

孫悟空在這樣的主管手下做事，想要靠這個機會實現自己的夢想，在遇到白骨精三次變化的時候，他應該先巧妙的向唐僧說出自己的判斷即可，至於要採取什麼行動，自然由唐僧決定。如果唐僧被抓去了，再把白骨精消滅，把唐僧救出來也就可以了，唐僧自然會在內心裡肯定孫悟空的能力，也會感激他的救命之恩。這樣，孫悟空就沒有失去西經集團職位的危險，他的本事與能力也一樣得以表現。

假如我們在工作中遇到如唐僧甚至比唐僧更糟糕的主管，只要是在自己想發展的行業，跳槽走人不是上策，而是在認清主管的情況下，好好的做好自己的工作，少說話多做事，公平的接受，不公平的也要接受，把保住自己這個發展機會列在首要位置，有了位置才能談到發展。

其次就是在主管面前任勞任怨的情況下，儘快熟悉在該行業的發展要求，迅速學習這個行業裡需要的專業知識和技能，掌握業內種種規定，累積經驗，發展自己在行業裡的人脈，瞭解同行業各家公司的情況和各家主管的素質，提高自己在這個行業裡的知名度……一切的一切，都是為自己能成為行業裡的高手做準備，讓自己的無形資產增加，給自己跳槽後增加選擇權利的籌碼。等到自己有權利選擇更好的公司和更好的主管之後，轉身而去，離這種糟糕的主管遠一點，他不會給員工任何更大的發展機會。

慎重選擇生命的另一半

我們生命中的另一半，最適合的就是最好的。

——張禮文

一生中，能得到心心相印、不因為時間和空間的變換、不因為社會角色的更替而拉開距離的一個摯友，乃是一個人一生最大的幸運；一生中，能得到對自己忠貞不渝，不因為貧窮而埋怨，不因為逆境而分離，不論何時何地，都能與自己風雨同舟、患難與共，能真正瞭解自己、無私的支持自己的妻子，乃是一個人一生中的最大幸福。

一生中，與我們在一起生活時間最長的，甚至是天天可以見到的人，這個人唯一可能的就是自己的妻子；對我們生活上、心理上、精神上影響最大的也可能是妻子。

我們一旦走進婚姻的殿堂，男人所觸及的每一個角落，都會有妻子的影子，不論我們做什麼。

男人為女人所生，不可能不受女人的影響。歷數古今中外，凡是能成就大事者，身後無不存在一個或是幾個傑出的女性。

二十幾歲的男人，尋找生命中的另一半，也是僅次於事業發展的事。她之所以是我們生命中的另一半，是因為她在我們以後的人生中，對我們有重大的影響，甚至可以改變我們的生活和命運。

究竟尋找什麼樣的女人，才可以在將來的某一天，證明自己的選擇是正確的？對於二十幾歲的男人來說，考慮最多的還是自己的感覺，感情上的事會跟著感覺走。

但是，女孩子的外在條件，對這時候的年輕人來說，女孩子的家庭、學歷、相貌、身材、體重和工作，都是首先考慮的，很少考慮女孩子的內在，例如：修養、品格、價值觀……

對女孩子外在的重視而對內在的忽略，導致二十幾歲的男人把生命中的另一半選擇錯了，給自己的未來製造一個大麻煩，然後接著產生很多麻煩，無形中要耗費我們很多時間和精力，把我們拖得筋疲力盡，做什麼事的心情都沒有！

尋找生命的另一半，雖然說是緣份，但是和任何一個女孩都可能在一起。選擇什麼人，首先要瞭解我們自己。連自己都不瞭解，只靠一時「性」起，一時衝動，往往會給自己的人生道路挖一個大洞，一輩子都填不平。

我們大多都是平凡人，都要過著平凡的日子，能成為千萬富翁一直是我們夢寐以求的事，但是靠薪水過日子，更是我們不得已而為之的事。不是我們沒有更高的追求，而是有很多條件限制我們，其中最重要的就是我們對家庭、妻子的牽掛，讓我們在冒險的事上裹足不前，始終被想贏怕輸的思想糾纏著。

如果我們覺得自己就是一個平凡人，就想過平凡的日子，即使是這樣一個對未來生活最簡單、最樸素的願望，對我們自己、對我們的另一半也是有要求的。我們的另一半必須和我們一樣，甘心過著一成不變的日子，為家庭的每一筆開支做精細的打算，在瑣碎重複的日子裡，有更多的耐心來忍受時間的折磨，有更大的定力來抵抗來自外界的誘惑，不為自己的普通所悲，不為別人的飛黃騰達所動。

一般人的婚姻之車，是動力不大、配製不先進的僅限家庭使用的車輛，這輛車的司機，大部份的時間都是由妻子擔當。這就要求我們現在的女朋友、未來的妻子喜歡這輛車，心甘情願的開著這輛低級的車穿越繁華都市，精心的對自己這輛車進行保養和維修，不讓車子承載過多的東西。

如果我們都可以有這樣的女朋友，我們就可以在未來的生活中，尋找到一種穩定中的溫馨，和諧中的一種幸福，發現平凡中的一種偉大。

假如女朋友不是這樣的，對我們的生活就必然會造成改變，使我們的生活永遠處於動盪和不穩定之中。不穩定的生活，也必然會發生改變。不在不穩定中死去，就在不穩定中爆發。

如果我們是一心想成就大事的人，沒有一個任勞任怨的妻子在後面支持，甚至是犧牲自己所有的利益來填補我們精力和能力所不及的地方，就會打亂我們前進的步伐，消耗我們的精力，使我們不能百分之百的投入到自己的事業中，徒增很多煩惱。

想做成一件事，特別是在今天競爭如此激烈的社會，市場還不是很有規範的情況下，就需要想成大事的人有冒險精神。

冒險，不是我們中國人的傳統，多數中國人渴望的生活首先是穩定，然後才是發展。一個穩定，可能會讓我們失去很多機會。在所有人都能看出來是機會的時候，機會就不再是機會。

真正的機會，往往伴隨著風險，從我們面前經過。

在機會與風險同在的時候，我們的女朋友只看到風險而看不到機會的話，就會對我們的行動進行百般阻撓，或是經常對我們誇大風險，強調失敗後的嚴重性和破壞性，就會導致我們應該果斷採取行動時猶豫不決，或是很保守的出擊，致使我們取得成功的機率大打折扣，或是導致我們還沒開始，就已經放棄。

如果女朋友對我們信任，或是比我們還有魄力，看什麼事都看到積極的一面，樂觀、豁達，把成敗看得很淡，不論什麼時候都能與我們同在，這樣就會讓我們接受新的挑戰時沒有壓力，沒有後顧之憂，沒有想贏怕輸、瞻前顧後的心理，那樣，我們就會化不利為有利，化有利為成功。

女朋友是我們的生活夥伴，也是我們的生活戰友。有一個出色的夥伴和戰友配合，會使我們在生活的很多戰鬥中，很容易的取得勝利。否則，就會扯我們的後腿，致使我們在不斷重複的生活中，漸漸平凡，漸漸平庸。

所以，二十幾歲的男人，選擇女朋友如同選車，一定要知道自己需要什麼樣的女人，自己以後要走什麼樣的路，只關心車的豪華而不注意性能，不考慮自己的路況，是很危險的事。

跨越感情創傷的障礙

失戀是自己愛的人叛變了，離婚是一個生活戰友畏戰自殺了。

——張禮文

二十幾歲談戀愛，二十幾歲結婚，對一個男人來說很正常，應該談戀愛不談戀愛，應該結婚時不結婚才是不正常的。

談戀愛，就難免發生自己愛的人移情別戀，結婚證書也無法阻止另一半心繫他人。不是我們做得不夠好，而是還有比我們更有誘惑力的人。

失戀和離婚，都是每個人不願經歷的事。可是只要一個人談戀愛或是結婚，失戀和離婚就是很難避免的事。戀愛和結婚，是兩個人的事，不是一個人可以決定，也不是靠一個人努力，就能保證這樣的悲劇不再發生。

不論對我們有多麼重要的人，依然是該來的時候會來，該走的時候自然會走，這就是生活。

生活本來就是一個有多種解法的方程式，會得出什麼答案，都在意料之外，也在情理之中。

失戀和離婚，責任可能根本就不在於我們，可是越是責任不在於我們，給我們留下的痛苦和創傷就越大。

失戀和離婚的創傷和痛苦，不會隨著戀愛的結束、婚姻的結束而結束，它會有潛在的後遺症，對一個人的事業、工作和身心健康產生很大的影響。那種痛苦，是永久性的，是我們最想忘記的，卻又是我們最深的記憶。從來都不需要刻意想起，因為一直難以忘記。儘管時間可以沖淡這一切，但是絕對不能沖散這一切。

失戀和離婚，一旦成為事實，再討論誰是誰非一點意義都沒有，什麼都不能改變，什麼都不能挽回，最好的辦法就是把過去所有的東西全部忘掉，還給自己一個嶄新的自己，給自己一個沒有傷痕的天空。

來自感情的傷害和打擊，是我們很難承受的。在生活的戰場上，我們能微笑著接受敵人的暗槍冷箭，卻無法接受自己心愛的戰友棄我們而去，更無法接受她出現在敵人的陣地上。我們可能因為愛人對自己的叛變，導致自己萬念俱灰、心灰意冷，覺得生活對自己來說，失去所有的意義，我們對生活失去了信心。如果說打擊超過我們的心理極限，就有可能出現自暴自棄、自殺等非常可悲的事。

因為一個自己愛的人而自殺，是愚蠢的，因為他放棄一批愛他的人。

因此，不論失戀還是離婚，我們都應該理智而清醒的對待，這僅僅是人生中的一個失敗而已，無法代表什麼，也無法否定什麼。失敗只能證明我們一次選擇的錯誤，或是一次經營上的失誤，它已經是一個結局或是一個結果，只屬於我們的過去。我們不能把人生的一次失敗帶到未來的生活中，讓它成為我們追求更大成功的包袱。

失戀和離婚，會一棒把我們打入人生中暗無天日的低谷。作為一名血性的男人，應該大喊一聲：「大丈夫何患無妻」，然後捂著滴血的傷口上路。人生的低谷是是非之地，不可久留。

當我們處於人生的低谷，或是處在最失意的時候，很多負面的情緒都會誘導我們把負面的東西擴大，使我們的思維、思路容易走偏，使我們看問題總是看負面的東西，會讓我們對生活、未來，特別是對自己失去信心。

一個人一旦消極，對生活、對自己失去信心，就等於喪失自身的免疫能力，對我們平時最厭惡或是最憎恨的東西都會失去警覺性，很多糟糕的東西都會趁虛而入，腐蝕我們的肉體和精神，讓我們變得更加消極和墮落。

蒼蠅不抱無縫的蛋，魔鬼不上強健之身。只要我們頭腦足夠的清醒，不論在什麼情況下，都可以抱持積極向上的心態，我們就不會輕易的被誘惑，也不會上當受騙，更不會跟著魔鬼走上不歸之路。

在我們的生活中遇到自己難以接受的事，最好不要採取消極的辦法來對待自己消極的情緒，例如酗酒、吸煙、賭博、吸毒、報復等方式發洩自己的情緒，而是應該冷靜的分析所發生的問題，如果真的想不明白，也應該很樂觀的面對生活，做一些有意義的事，例如和好朋友聊天、參加各種體育活動，或者到外地旅遊，保持自己的身心健康，給自己一個輕鬆的心態。

失戀和離婚，本身就是我們人生中的一件不幸的事，既然我們無法避免的遇到，那麼，我們為了以後的生活，也應該把這個失敗處理得很好，讓失敗和失敗給自己帶來的感傷，隨著愛情和婚姻的終止而終止。別人不愛自己，不珍惜自己，我們卻沒有理由不珍惜自己、照顧自己，不要讓自己因為一個失敗而連續的失敗。

受傷，永遠不是我們墮落的藉口，也不是我們成為弱者的理由。受傷，只會讓我們堅強和果敢。試問，哪一位將軍在成為將軍之前，沒有經受過戰火的洗禮，沒有經受過生與死、血與淚的考驗？哪一位將軍從來沒有打過敗仗？我們即使不可能成為戰場上的將軍，也必須要成為自己生活中的將軍，這是我們作為一個生命的主體，出現在這個世界上的使命。

婚姻的失敗，乃是正常之事。婚姻的失敗，僅僅是我們人生整場話劇的一幕的失敗，如果因為婚姻的失敗，導致我們自甘墮落，讓只是生活一部份的婚姻，影響生活的全部，或是改變生活的狀態，就是我們人生整場話劇的失敗。

記住：**生活的革命，就是在曾經的戰友不斷的背叛和潛逃中，取得成功。**

給達成目標一個期限

豬對猴子說：「十年後牠也會爬樹。」猴子說：「這由屠夫決定。」

——張禮文

有這樣一句話，很多年輕人都知道：

曾經有一份真摯的愛情放在我的面前，可是我沒有好好珍惜。現在想想後悔莫及。人世間最痛苦的事莫過於此，如果上天可以給我一個再來一次的機會，我會對她說：「我愛你！」如果一定要在這份愛上加一個期限，我希望是一萬年！

當自己愛的人離我們遠去，成為別人的新娘時，我們說出這樣的話，可以被稱為「情聖」；如果當我們上了年紀，覺得自己已經對這個時代無可奈何的時候，說：「曾經有很多美好的計畫放在我的面前，可惜我從來沒有實現它，現在想想後悔莫及。人世間最痛苦的事莫過於此，如果上天可以給我一個再來一次的機會，我會對自己說：『馬上行動！』如果一定要給實現這個計畫加一個期限，我希望是最多三年！」結果會怎樣？

二十幾歲的男人，最大的本錢是年輕，最多的是時間。二十幾歲的人虛度人生中最關鍵的階段，最直接的原因還是因為年輕和時間太多。

因為自己年輕，覺得做什麼都來得及。我們看到比自己優秀的人，就會對自己說：「等我到了他那樣的年齡，一定會比他強，比他更富有。」於是，照常玩樂，一切都無所謂，一切都等明天再說。

明天成為我們人生的里程碑，在不知不覺之中，把我們送到人生的終點。當我們看自己兩手空空的時候，說什麼都晚了。我們自己才是自己遇到的最大的騙子，騙了自己一輩子。好多美好的計畫，只要當時做一個詳細的規劃並且馬上行動，就可以實現，遺憾的是，自己給現實那個計畫的期限是下輩子。

有一個計畫是好事，但必須還要給實現這個計畫一個期限，到什麼時候一定要完成，那樣，我們才會讓計畫成為我們從臥室爬到天堂的梯子。

假如我們實現一個計畫必須是四小時、四天、四週、四個月或是四年，否則就會死亡，那麼，我們一生將會實現多少計畫呢？

為什麼要這樣說呢？因為海獺覓食的時間只有四分鐘，潛水覓食的結果只有兩個：要不就是在四分鐘內捕捉到食物回到海面，回不到海面就會淹死；要不就是捕捉不到食物，捕捉少了就會凍死，捕捉不到就會餓死。

海獺生活在北太平洋阿留申群島周圍的冰冷海域中，根據動物學家的研究，牠是由棲息河川的水獺，大約在五百萬年前移居到海邊進化成海獺。因此牠不像其他海洋動物一樣，善於長時間潛水，牠每次潛水的時間只有短短的四分鐘。

海獺生活的地方異常寒冷，牠防寒只靠兩件東西，一是牠身上長著茂盛密集的毛，二是靠每天吃掉大量海鮮，產生大量的熱量。牠是世界上食量最大的動物，這麼說，並不是牠一次吃的東西最多，而是牠一天要吃三分之一體重的食物，才可以維持自己的生存。成熟的海獺體重約為六、七十磅，牠每天至少要吃十幾磅到二十幾磅的海鮮。

海獺的頭很小，身軀肥胖，前肢短而裸露，後肢長而扁平，趾間有蹼，呈鰭狀，適於游泳和潛水。海獺主要生活在海中，只有休息和生育時上岸，甚至睡覺時也在海裡漂浮。牠們幾乎不到陸地上活動，也從不遠離海岸。夜晚，牠們會在海面上過夜睡覺。與其他海洋動物相比，海獺的游泳速度算是比較慢的，每小時僅十到十五公里。

海獺主要以貝類、鮑魚、海膽、螃蟹等動物為食，所以它經常潛到海下三到十公尺的地方活動，有時潛到五十公尺深的海底尋找食物，能潛水的時間最多只有四分鐘，牠想要活著，就必須對每一個四分鐘，好好的把握和運用。

正因為海獺非常清楚自己捕獵的時間有限，而且每天需要的食物很多，所以在每次潛入水中之後，牠會立即鎖定自己的目標，然後以簡單、快捷、實用的辦法捕捉獵物，一秒鐘都不敢耽誤。抓到獵物之後，一定會在肺裡的氧氣用完之前返回水面。

在大海裡，海獺捕捉食物，可以說沒有任何優勢可言，但是牠的四分鐘觀念，讓牠在冰冷的世界得以存活。

有人會說，我們和海獺沒有任何可以比較的地方，它僅僅是捕捉獵物，我們還有很多事去做，沒完沒了的瑣事，沒完沒了的煩惱……我們是有想法沒辦法，有骨氣沒脾氣！

假如我們像海獺一樣，一天中的每個四分鐘都決定自己的生死存亡，那麼，我們一定不會抱怨半個小時，發一個小時的牢騷，心情不好等明天再說……

二十幾歲的男人，不是沒有目標，而是目標太多，想得太多，做得太少。總認為一切還來得及，明天再做也不晚。選擇時猶豫不決，機會前患得患失，結果便是混了一天又一天，混了一年又一年。

二十幾歲是輸得起的年齡，但是不要把「混」和「輸」這兩個概念混淆。

「輸」是有了計畫，在實施中失敗了；「混」是沒有計畫，或是有計畫沒有實施。輸沒什麼可怕，每一次我們輸就離計畫的實現近了一步；混，只會把計畫混得離我們越來越遠，直到把計畫從自己的記憶裡忘記。

同時有兩個目標就不是真正的目標。二十幾歲的男人應該一次只為自己建立一個目標，然後給達成目標一個期限，在這個期限裡要麼成功，要麼放棄。成功了收穫一筆財富，放棄了收穫一份清醒。

成功講座 379

20幾歲,決定男人的一生

海鴿文化出版圖書有限公司
Seadove Publishing Company Ltd.

作者　張禮文
美術構成　騾賴耙工作室
封面設計　斐類設計工作室
發行人　羅清維
企劃執行　林義傑、張緯倫
責任行政　陳淑貞

出版　海鴿文化出版圖書有限公司
出版登記　行政院新聞局局版北市業字第780號
發行部　台北市信義區林口街54-4號1樓
電話　02-27273008
傳真　02-27270603
E-mail　seadove.book@msa.hinet.net

總經銷　創智文化有限公司
住址　新北市土城區忠承路89號6樓
電話　02-22683489
傳真　02-22696560
網址　www.booknews.com.tw

香港總經銷　和平圖書有限公司
住址　香港柴灣嘉業街12號百樂門大廈17樓
電話　（852）2804-6687
傳真　（852）2804-6409

CVS總代理　美璟文化有限公司
電話　02-2723-9968
E-mail　net@uth.com.tw

出版日期　2008年10月01日　一版一刷
　　　　　2022年03月01日　二版一刷
定價　260元
郵政劃撥　18989626　戶名：海鴿文化出版圖書有限公司

國家圖書館出版品預行編目（CIP）資料

20幾歲,決定男人的一生 ／ 張禮文作.
-- 二版. -- 臺北市 ： 海鴿文化，2022.03
面 ； 公分. --（成功講座；379）
ISBN 978-986-392-405-0（平裝）

1. 成功法　2. 生活指導

177.2　111000719

Seadove

Seadove